남해 바래길

초판 1쇄 발행 2017년 8월 28일
초판 2쇄 발행 2017년 12월 7일

저자   이서후
펴낸이   구주모

편집책임   김주완
표지   서정인
편집   이종현
유통·마케팅   정원한

펴낸곳   도서출판 피플파워
주소   (우)51320 경상남도 창원시 마산회원구 삼호로38(양덕동)
전화   (055)250-0190
홈페이지   www.idomin.com
블로그   peoplesbooks.tistory.com
페이스북   www.facebook.com/pepobooks

ISBN   979-11-86351-16-1 (03910)

이 도서의 국립중앙도서관 출판예정도서목록(CIP)은 서지정보유통지원시스템 홈페이지(http://seoji.nl.go.kr)와
국가자료공동목록시스템(http://www.nl.go.kr/kolisnet)에서 이용하실 수 있습니다. (CIP제어번호 : CIP2017020701)

이야기가 있는 느린 풍경

남해바래길의 탄생
다랭이지겟길
앵강다숲길
구운몽길
섬노래길
바래길 외전
이순신호국길
고사리밭길
화전별곡길
말발굽길
진지리길
바래길 외전 2
망운산 노을길

남해 바래길

이서후 지음

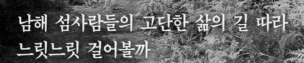

남해 섬사람들의 고단한 삶의 길 따라
느릿느릿 걸어볼까

도서출판
피플파워

차례

6   프롤로그

풍경의 발전

8   남해바래길의 탄생

남해 섬사람들의 고단한 삶의 길 따라 느릿느릿 걸어볼까

20   1코스 다랭이지겟길

평산항 ~ 가천다랭이마을 16km 5시간

42   2코스 앵강다숲길

가천다랭이마을 ~ 벽련마을 18km 6시간

66   3코스 구운몽길

벽련마을 ~ 천하마을 15.6km 5시간 30분

90   4코스 섬노래길

천하마을 ~ 미조항 ~ 해안도로 ~ 천하마을 12.4km 4시간 30분

108   바래길 외전

남해대교를 지나 설천해안도로를 따르다

122   13코스 이순신호국길

관음포 이충무공 전몰 유허 ~ 노량마을 7.8km 2시간

140   7코스 고사리밭길
       적량마을 ~ 동대만휴게소 14km 4시간 30분

158   5코스 화전별곡길
       미조면 천하마을 ~ 삼동리 물건방조어부림 17km 6시간

178   6코스 말발굽길
       삼동면 지족마을 ~ 창선면 적량마을 15km 5시간

194   8코스 진지리길
       창선면 동대만휴게소 ~ 창선·삼천포대교 10km 3시간

206   바래길 외전 2
       강진만을 낀 창선면 해안도로

214   14코스 망운산 노을길
       남해군 서면 서상마을 ~ 노구마을 10.4km 3시간

234   에필로그
       외로운 객 푸근하게 보듬어준 바래길, 다시 올게 꼭

풍경의 발견

남해섬이 좋아서 무작정 바래길을 걷기 시작했다.

썰물로 드러난 갯벌에 조개를 캐러 간다는 '바래'라는 이름이 마음에 들어서기도 했다.

걷다가, 걷다가, 어느덧 남해군을 한 바퀴 돌았다.

그렇게 1년이 걸렸다.

같은 코스를 두 번 걷기도 하고, 마을 고샅까지 훑고 다녔다.

이를 통해 남해섬 구석구석을 돌아볼 수 있었다.

이전까지는 내가 알던 남해는 극히 일부였다.

그 일부만으로도 이미 매력적이기는 했지만 말이다.

바래길은 걸을 때마다 다른 감동을 안겨줬다.

오전이 다르고 오후가 달랐다.

맑은 날이 다르고 흐린 날이 달랐다.

바다 이쪽 편과 저쪽 편이 달랐다.

바래길에서 나는 수많은 풍경을 발견했다.

오래된 나무, 퇴색한 지붕, 낡아 표면이 서걱거리는 담장, 녹슨 철제 대문 같은 것들이 어우러져 멋진 장면을 만들어냈다.

마을 주민들은 내 카메라가 향한 방향과 나를 번갈아 보면서 별 것을 다 찍는다는 표정을 지었다.

풍경 속에 사는 이들은 풍경을 발견하지 못한다.

풍경은 그들의 일상, 삶 자체이기 때문이다.

삶의 배경이 다르기에 남해를 낯설게 바라볼 수 있었다.

하여, 풍경은 이방인에게 발견되는 것이다.

한동안은 바래길을 걷는 게 미칠 듯이 좋았다.

하지만, 혼자인 경우가 잦았고, 괜히 외롭고 지친 날들도 많았다.

설사 길 위에서 외로워진다 해도 괜찮다.

그럼에도, 바래길을 꼭 걸어보기를 권한다.

아직은 때 묻지 않은 정겨운 길과 황토밭 그리고 그 너머 푸른 바다를 좋아하는 이라면 말이다.

외로움마저 풍경이 되는 곳.

남해바래길에 어서 오시다!

남해바래길의 탄생

언덕 너머 펼쳐진 하늘이 바다와 닮았다

남해 섬사람들의 고단한 삶의 길 따라 느릿느릿 걸어볼까

남해에 있는 바래길 이야기를 들은 건 2015년 11월이다. 그해 10월에 작고한 남해해오름예술촌 촌장 불이 정금호 선생에 대해 취재를 하러 그와 친분이 두터웠던 문찬일 씨를 만났다. 문 씨는 힘든 젊은 시절에 불이 선생을 만나 새로 태어났다고 했다. 그러면서 불이 선생과 여행을 참 많이 다녔는데 그때 남해섬 바다를 따라 걷는 길을 만들면 좋겠다고 생각했다고 한다. "남해가 제주나 지리산보다 못한 게 뭐 있노?" 그렇게 시작된 것이 남해바래길이다.

남해바래길은 삶의 길

어딜 다닐 때마다 그 지역 안내 지도를 찾는 버릇이 있다. 그렇게 남해군 지도도 숱하게 챙겨왔다. 하지만, 남해바래길은 전혀 기억이 없으니 아마도 유심히 보지 않은 탓일 거다. 나중에 남해군 지도를 다시 살펴보니 과연 남해바래길을 소상히 적어 놓았다.

"바래가 무슨 뜻입니까?"

바래길 이야기를 듣던 날 문찬일 씨에게 물었다.

"남해 아낙들이 물때만 바뀌면 바닷가에 나가서 미역 한 줄 뜯고 톳 한 줄기 뜯고 조개 하나 캐고 하는 그 행위 자체가 '바래'입니다. 남해 사람들은 그걸 통해서 자식들을 먹이고 공부시키고 꿈을 키워줬지요. 자식 잘되기를 바라고 기대하고 희망하는 마음이 거기 담겨 있지요."

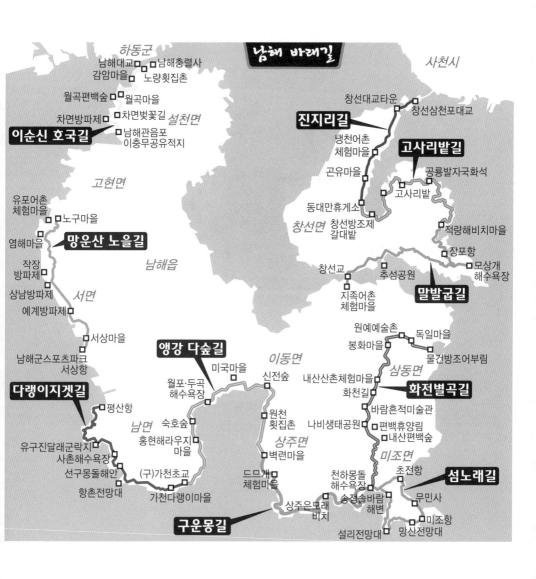

남해 바래길

하동군

남해대교 □■ 남해충렬사
감암마을 □■ □ 노량횟집촌

월곡편백숲 ■□ □■ 월곡마을
차면방파제 ■□ □■ 차면벚꽃길 설천면
이순신 호국길 □■ 남해관음포
이충무공유적지

사천시

창선대교타운 □
진지리길 □■ 창선삼천포대교

냉천어촌
체험마을 □ **고사리밭길**
공룡발자국화석 □

곤유마을 □ 고사리밭 □
적량해비치마을 □

동대만휴게소 □
말발굽길 □ 장포항
□ 모상개
해수욕장

창선방조제
갈대밭
창선교 □ 추섬공원 □

고현면

유포어촌
체험마을 □
□ 노구마을
망운산 노을길
염해마을 □
남해읍
작장
방파제 □
상남방파제 □
서면
예계방파제 □

서상마을 □

남해군스포츠파크
서상항

앵강 다숲길
미국마을 □

이동면

지족어촌
체험마을 □

원예예술촌 □ 독일마을 □
봉화마을 □ 물건방조어부림 □
삼동면

내산산촌체험마을 □
화전별곡길
화천길 □

다랭이지겟길
월포·두곡
해수욕장 □
신전숲 □
숙호숲 □
평산항 □
남면
홍현해라우지
마을 □
원천
횟집촌 □
나비생태공원 □
상주면
바람흔적미술관 □
편백휴양림 □
내산편백숲
미조면

유구진달래군락지
사촌해수욕장
선구몽돌해안
(구)가천초교
벽련마을 □

드므개
체험마을 □
초전항 □
섬노래길
무민사 □
미조항 □
망산전망대

항촌전망대
가천다랭이마을
천하몽돌
해수욕장 □
송정솔바람
해변
상주은모래
비치
설리전망대

구운몽길

남해바래길이 지나는 어촌 마을에서 '바래' 하는 아낙들

들는 순간 느낌이 좋았다. 문찬일 씨에게 다시 물었다.

"그렇다면 바래로 생계를 유지했단 말인가요? 예컨대 해녀들의 물질처럼이요."

"그건 아니에요. 생계 수단이라기보다는 부족한 먹을거리를 보충하는 일이라고 해야겠죠. 어업과 농업이 본업이니까요."

"바래가 남해에서만 쓰는 말인가요?"

"그렇죠. 어촌 마을에서는 '바래 갔다 오는가?' '어, 바래 갔다 오네' 이런 식으로 말합니다. 남해토속어라고 해야겠네요. 근처 통영에서는 '바리'라고들 하더군요."

남해바래길 홈페이지(www.baraeroad.or.kr)에는 이렇게 적혀 있다.

'남해바래길은 척박한 자연환경을 극복하며 살아온 남해사람들의 생존을 위한 삶의 길이었습니다. 우리 어머니들이 가족들의 먹을거리를 얻으려고 갯벌이나 갯바위 등으로 바래하러 다녔던 길입니다. 바래를 통해 채취한 해산물을 이웃과도 나누어 먹었던 나눔의 길이기도 합니다'

바래길 초기 회의 자료집에는 이런 글귀도 있다.

남해바래길 1코스 다랭이지겟길을 걷는 사람들

'(바래는) 가족을 위하여 국을 끓이고, 삶아 무쳐서 반찬으로 만들고, 말려서 도시락 반찬으로도 넣어주고, 그래도 남으면 시집간 딸래미 집에 보내는…, 대량 채취가 아닌 일용에 필요한 양만큼만 채취하는 작업입니다'

남해바래길을 일러 '삶의 길'이라고 부르는 이유가 여기에 있다.

남해바래길의 탄생

문찬일 씨가 바래길을 구상하고 읍면을 다니며 적당한 길을 물색해 남해군에 제안을 한 건 지난 2009년이다. 남해군은 이 제안을 받아들여 주민토론회 등을 거쳐 지난 2010년 2월 문화체육관광부에 문화생태탐방로 지정 신청을 했다. 걷기 열풍이 막 시작하던 시점이었다. 그래서 문화체육관광부가 적극적으로 길을 발굴하던 때이기도 했다. 그때 남해바래길 현장 실사를 온 이가 당시 문화체육관광부 관광진흥과 홍성운 사무관이었다. 홍 사무관은 남해바래길을 포함해 하동 박경리 토지길, 통영 토영 이야길, 하동·산청 이순신 백의종군로, 산청 구형왕릉 가는 길 등 경남을 포함한 전국에 있는 걷는 길들의 산파 역할을 했었다.

그는 남해바래길 답사 당시 상황을 이렇게 회고했다.

"그때 길 전문가, 생태 연구하시는 분들, 향토사학자 등과 함께 현장에 갔었지요. 당시 군수도 나오고 그랬고요. 주변 풍광들이 매우 아름다웠던 걸로 기억합니다. 가천 다랭이마을에 찾아가 주민들 만나서 이야기도 하고 그랬어요. 코스마다 특성이 있었는데 어촌 마을

남해바래길에 이정표를 그리는 남해바래길 사람들

이라든가 섬이라든가 하고 잘 어울렸어요. 그리고 바다에 펼쳐진 죽
방이라던지 바람을 막으려고 해놓은 방풍림이라든지 소소한 부분에
서 이야깃거리들이 많았어요."

이 과정에서 남해바래길 이름이 신선길이 될 뻔하기도 했다. 당시
남해군에서 문화체육관광부에 올린 이름이었다. 하지만, 현장 실사
하러 다니던 홍 서기관은 바래에 담긴 의미를 알고 나서, 바래길이야
말로 남해 바닷가를 이은 이 길에 어울리는 길이라고 생각했다고 한
다.

그해 5월 남해바래길은 문화체육관광부 이야기가 있는 문화생태
탐방로로 지정되면서 실질적인 지원을 받게 됐다. 당시 문체부 방침
은 민간단체가 주도해 길을 만들게 하는 것이었다. 문찬일 씨는 불

바래길 1코스 유구마을 주변 전망 좋은 곳

이 선생과 함께 사람들을 모았다.

"남해에서 환경, 법률, 음악, 미술, 이벤트하는 사람들과 마을 이장, 농사짓는 사람들이 모였습니다. 불이 정금호 선생을 대표로 추대했고요."

그해 6월 8일 '남해바래길 사람들'이 출범했다. 이들이 이후 적극적으로 길을 찾아 이었고, 있는 길을 넓혔고, 관광객들을 안내했다.

"읍면에다가 최대한 바닷가 쪽으로 붙은 길들을 좀 찾아봐 달라고 부탁했어요. 그리고 군청 직원들하고 길을 찾아다녔지요. 같은 길을 한 25번은 왕복한 거 같아요. 가능하면 사유지를 돌아가면서 농로는 그대로 살렸어요. 다행인 게 70, 80년대 바닷가에 해안초소가 있었거든요. 그 초소들로 가는 길들이 있었어요. 그걸 조금씩 이으니까 또 훌륭한 길이 되더란 말이에요. 그렇게 찾은 길은 돌도 좀 치우고, 풀도 베고, 괭이로 손도 좀 보고 그렇게 만들어 갔습니다."

그리하여 2010년 11월 27일 남해바래길이 정식으로 열렸다.

남해바래길 걷기

2017년 8월 현재 남해바래길은 10개 코스가 열려있다. 구체적으로 1코스 다랭이지겟길, 2코스 앵강다숲길, 3코스 구운몽길, 4코스 섬노래길, 5코스 화전별곡길, 6코스 말발굽길, 7코스 고사리밭길, 8코스 동대만진지리길, 13코스 이순신호국길, 14코스 망운산노을길이다. 이 중 8코스 진지리길은 길은 연결되어 있지만 이정표 등 표지가 아직 없다고 한다. 애초 계획에는 이 외에도 창선바지락길, 남해갱번길, 강진만갯벌길, 대국산성길, 노량갯벌길이 더 있다. 지난 2013년 11월에는 바래길 안내를 도와줄 바래길탐방안내센터(055-863-8778)가 남해군 이동면 신전리에 들어섰다. 남해바래길 사람들과 탐방안내센터에서는 매년 가을소풍 행사를 열고 사람들을 모아 바래길을 걷는다.

문찬일 씨가 전하는 바래길 걷기 노하우를 들어보자.

"바래길이 왜 삶의 길인가 하면요, 풍경의 속살을 보는 길이라서 그래요. 길을 걷다 바래를 하는 사람들을 만나고 노닥거리면서 그

남해군 이동면에 있는 바래길탐방안내소

들이 살아가는 방식을 느껴보고 남해 섬에 사는 남해인들의 고단한
삶을 이해할 수 있기 때문이에요. 정해진 길만 따라갈 필요는 없어
요. 이정표가 없는 길도 한번 들러보고, 그렇게 길도 잃어보고 이런
게 바래길을 걷는 재미일 수 있어요. 그런 식으로 걷다 보면 자신도
한 번 돌아보게 되는 거죠."

　그는 남해바래길을 걷는 일이 절대 실적 쌓기처럼 되어서는 안
된다고 말한다. '내가 말이야 제주 올레길을 다 걸었어, 지리산 둘레
길을 다 걸어봤어' 하는 것처럼 마치 길을 정복한 듯한 마음가짐을
경계하라는 뜻이다. 문찬일 씨 조언처럼 남해바래길 전 코스를 사
부작사부작 걸어보자.

체크 포인트! 바래길 표지들

바래길 곳곳에 있는 표지들

　　제주 올레길 간세, 화살표, 리본 같은 표지들이 남해바래길에도
있다. 특히 인적이 드문 곳을 걸을 때 이런 표지들을 잘 살피면서 걸
어야 한다. 여기에 남해바래길 홈페이지(www.baraeroad.or.kr)에
서 수시로 올라오는 정보도 잘 확인해 안전하게 트레킹을 하자.

1코스 다랭이지겟길

평산항 ~ 가천다랭이마을
16km 5시간

겨울 다랭이논에는 마늘, 시금치, 유채가 심어져 있다.

1 다랭이지겟길

- 평산항
- 평산
- 유구
- 사촌
- 선구
- 항촌
- 가천
- 가천 다랭이마을 바다정자

남해바래길에 어서오시다

남해군 남면 평산1리 마을 정류장에서 시골버스를 내려 바닷가를 따라 마을로 들어서면 평산항이다. 평산항에서 서쪽으로 바다 건너다보이는 땅이 전남 여수다. 선뜻 건너가 보고 싶은 마음이 들 정도로 가깝다. 한때는 평산항에도 여수로 가는 배가 드나들었다고 한다. 남해섬에 다리가 생기고 자동차를 타는 이들이 늘자 손님이 줄었고 지금은 한적한 어항으로 남았다. 하지만, 매주 월요일 아침 9시가 되면 평산항은 왁자해진다. 활어위판장에서 수산물 경매가 이뤄지는 날이다. 규모는 작지만 어종이 다양해 볼만한 풍경으로 꼽힌다.

남해바래길 첫 번째 코스인 다랭이지겟길은 이곳 평산항에서 시작해 가천다랭이마을까지 이어진다. 왜 이 길을 바래길 1코스로 삼

평산항 바래길 초입 벽화

앗을까. 바래길 제안자 문찬일 씨에게 물으니 길을 찾기가 제일 수월
했다고 답한다. 남면에서 제일 적극적으로 협조를 한 덕분이기도 하
다. 무엇보다 다랭이지껫길은 남해군의 정수를 담고 있다. 벌과 갯바
위, 몽돌해변, 모래사장, 산길과 밭두렁길 등 남해섬의 속살을 두루
거친다.

　평산항에서 1코스 초입으로 가다 보면 '남해바래길에 어서 오시
다'가 적힌 예쁘장한 벽화가 사람들을 반긴다. '어서오시다'는 '어서
오십시오'란 뜻의 남해 인사말이다. 벽화를 마주하고 '남해바래길 작
은 미술관'이 들어서 있다. 오랫동안 비어 있던 구 평산보건진료소를
고쳐 만든 곳이다. 이곳에서 전시 작품을 둘러보고 바로 옆 화장실
도 한 번 들르면 바래길을 걸을 준비가 다 된 셈이다.

　'남면로 1739번길'이란 표지판이 있는 평산1리 마을 고샅에서부터
걸음을 시작한다. 구릉을 오르다 보면 온통 황토밭이다. 시금치와

바래길 이정표

마늘을 번갈아 심으며 밭은 사철 내내 푸르다. 문득 시야가 탁 트이면서 바다가 드러난다. 황토밭과 바다와 하늘이 겹치는 이곳 풍경은 남해섬 사람들의 삶, 그 자체를 보여준다.

건너편 여수를 바라보며 한동안 호젓한 밭길이 이어진다. 곳곳에 화살표와 이정표가 있어 위치를 가늠할 수 있다. 이정표는 유구마을을 가리키고 있다. 길이 갑자기 바닷가로 떨어진다. 작지만 야무진 해변에는 캠핑 시설과 화장실이 있다. 해변 끝에서 잠시 언덕을 넘으면 곧 유구마을 초입이다. 바래길은 유구마을을 정면으로 바라보다가 초입에서 다시 바닷가로 돌아선다. 앙증맞은 항구를 잠시 끼고 걷다가 등성이를 오른다. 조금 걷다 보면 밭들이 나오고 다시 한번 시야가 탁 트이는데 멋진 풍광으로 눈이 제법 즐겁다. 여기서 바래길을 잠시 두 갈래로 나뉘는데 등성이 정상을 향하는 길과 아래로 향하는 길이다. 등성이 정상에는 '전망 좋은 곳'이란 표지판이 서 있다. 여수 오동도와 엑스포 해양공원 주변이 손에 잡힐 듯 가깝다. 이 등성이를 그대로 넘어가도 길이 이어진다.

내리막을 걷다 해변을 한번 스치더니 본격적으로 산길이 시작된다. 해안초소로 가는 길을 이은 것이다. 산길 주변으로 간단한 군사 시설들이 드문드문 나타난다. 바다는 넉넉하고 산길은 고즈넉하다. 이 길에서 봄볕을 맞으면 참 좋겠다는 생각을 한다. 산길을 벗어나면 바로 갯바위다. 갯바위 근처에서 해녀 한 분이 물질을 한다. 조그만 모래사장을 스쳐 지나는데 반대편 평지 너른 밭에 어르신들이 한창 시금치를 수확하고 있다. 설 전에는 일을 끝내야 한다며 손놀림이 바쁘다.

이정표는 이제 사촌마을을 가리킨다. 길이 잠시 도로 구간으로 접어들었다가 개울과 논두렁을 살피며 이어진다. 그러다가 다시 바닷가로 내려가는데 정갈한 모래사장이 인상적인 사촌해수욕장이다. 길이 사촌마을을 빠져나온다. 도로를 따라 언덕을 넘으면 바로 선구마을이다. 항아리 모양의 긴 몽돌해변을 끼고 남쪽을 바라보며 들어앉은 곳이다. 그리고 같은 해변을 끼고 건너편으로 마주 보는 곳이 항촌마을이다. 길이 도착한 곳은 선구마을 뒤편, 버스정류장이 있는 언덕이다. 바래길은 선구마을로 직접 들어가지 않는다. 곳곳에 무덤이 있고 황토밭이 들어선 구릉을 에돌아 선구마을을 정면으로 바라보며 바닷가로 내려선다.

바래길 1코스 항아리 모양 몽돌해변을 끼고 있는 선구마을과 건너편 항촌마을

　선구마을에서 다시 몽돌해변을 따라 항촌마을에 이른다. 해변에 있는 자갈은 크기가 적당하고 모양이 예쁘다. 항촌마을 앞에서 길은 다시 구릉을 오른다. 구릉 정상에 팔각정이 있다. 이곳에는 보는 바다는 그야말로 망망대해다. 그 망망대해를 오른편으로 끼고 길은 가천다랭이마을로 향한다. 아득한 바다 풍경 때문인지 이쪽 길에는 유달리 펜션이 많다. 펜션촌으로 이어진 길이 끝날 즈음 가천다랭이 마을에 도착한다. 남해섬에서 가장 유명한 곳이라 항상 관광객들로 붐빈다. 설흘산과 응봉산 골을 따라 바닷가로 이어진 100여 층 계단식 논을 다랭이라고 부른다. 독특한 풍경이기도 하지만 척박한 삶의 상징이기도 하다. 마을 안에 식당과 카페 등이 제법 들어서 있어 허기진 배를 채우고 한숨 돌릴 수 있다.

평산1·2리 마을

남해바래길 1코스 다랭이지겟길에서는 바다 건너로 전라남도 여수가 코앞이다. 그만큼 여수와 관계가 깊은 지역이다. 실제 이들 마을은 20세기 초중반까지 여수의 경제권역에 속했다. 현재 평산1리 마을에 있는 평산항은 1920, 30년대 남면과 여수를 잇는 해상 교통의 중심이라고 기록은 전한다. 남해군 서면 서상마을과 남면 평산마을·선구마을을 돌아 여수를 오가던 객선이 있었는데 남면을 외지와 연결하는 유일한 교통수단이었다. 당시 평산항에는 남면, 서면, 고현지역 어민들을 대상으로 공판도 하고 금융 업무도 보던 서남 어민조합도 있었고, 5일장도 서서 남면 사람들의 왕래가 잦았다.

평산항은 임진왜란 당시 이순신의 〈난중일기〉에 '평산포'라는 지명으로 자주 등장해 수군 진지로 중요한 곳이었다는 것을 알 수 있다. 기록은 조선 전기 태종 13년[1413]부터 지금의 평산1·2리 마을에 평산포 만호萬戶를 두었다고 전한다. 만호는 고려와 조선에서 외적을 막으려고 둔 관직인데, 그만큼 인구가 많았다는 뜻이다. 현재 마을 어른들은 이곳에 진이 있었다고 말한다. 만호가 있던 곳을 만호진이라고 부른다. 군사 요충지였던 만큼 이곳에는 성이 있었다. 기록을 보면 조선 성종 21년[1490]에 경상도 평산포성平山浦城을 쌓았는데 높이가 9척, 둘레가 1558척이라고 돼 있다.

현재 평산1리와 2리를 구분하는 경계가 이 평산포성이다. 하지만,

평산2리 마을에서 바라본 평산1리 마을과 평산항 풍경

지금 성의 흔적은 거의 찾아볼 수 없다. 일제강점기 선착장을 만들 때 가져다 쓰기도 하고 일부는 주택 담장으로 쓰고 있다고 한다.

평산1·2리 마을은 북쪽을 바라보는 항구에서 시작해 마을 뒤편 망기산 능선을 끼고 남쪽으로 언덕을 오르며 형성돼 있다. 언덕을 다듬어 집을 짓고 밭을 일군 만큼 그 높이차를 수많은 돌담이 채우고 있다. 1리와 2리의 경계는 모호하다. 가끔 보이는 커다란 돌덩이들이 혹시 성의 흔적이 아닐까 생각해 볼 뿐이다. 신라시대부터 마을이 있었다는 기록이 있으니 삶의 흔적은 이미 1000년을 넘어선다. 우연히 말을 건넨 아낙은 전라도 말씨다. 누님이 여수로 시집갔다는 한 주민의 이야기를 듣기도 했다.

마을 서남쪽에는 '망날'이라 불리며 바다 쪽으로 뻗은 야트막한 등성이가 있다. 이 등성이 끝부분에 작은 당집이 있는데, 장군당이다. 고려 후기 무신으로 황금 보기를 돌같이 하라는 말을 남긴 최영 장군을 모신다고 했다. 주변은 깔끔하게 정리가 되어 있는데, 지금도 음력 10월에 제사를 지낸다고 한다. 주민들 말로는 마을 전체가 지내는 제사는 아닌 듯하다. 이 망날에서 보는 노을은 운치가 깊다. 봄날, 이 낙조를 보려고 사람들이 몰려든다고도 한다.

망날에서 걸어 내려온 자리, 저녁 항구는 쓸쓸할 정도로 한적하다. 이제 여수로 가는 배는 근처 서면에 있는 서상여객터미널에 가야 탈 수 있다. 항구에서 바래길을 따라 유구마을로 가는 길에 보이는 큰 섬이 죽도다. 마을 사람들은 '대섬'으로 부른다. 1975년까지 주민이 살다가 당시 대 간첩 작전에 따라 주민이 모두 평산 1리로 이주하고는 무인도로 남았다. 그 옆은 '다리미 섬'이라고 불리는 소죽도인데 조개류 양식이 잘된다고 한다.

평산항 뒤편 언덕 '망날'에 있는 장군당. 최영 장군을 모시는 것으로 전해내려온다.

유구마을·사촌마을

바래길 1코스는 유구마을로 직접 들어가지 않는다. 유구마을은 바닷가에서 조금 먼 곳에 있다. 대신 마을이 거느린 조그만 어항과 앙증맞은 모래사장을 거친다. 길이 유구마을 초입에 들어서면 마을 뒷산을 유심히 살펴보자. 고동산 혹은 무부산으로 불리는 이 바위산인데 소라고동처럼 생겨서 이런 이름이 붙었다. 특히 이 산은 나라에 큰 변란이 생길 때마다 '우~' 하고 고동 소리를 냈다고 하니 지나가며 귀를 기울여 봐도 좋겠다.

길을 따라 언덕을 하나 넘으면 나타나는 모래사장은 '설징이' 해변으로 불리는데 주변으로 들이 제법 넓다. 들에서는 패총이 나왔다고 한다. 아주 오래전부터 사람이 살았다는 뜻이다. 예로부터 물이 맑고 풍부해 벼농사를 지었다고 한다. 유구마을은 너른 들판을 품고 있어 주민 70% 정도가 농사를 짓는다. 해변에서 보면 바다 위로 조그만 암초가 세 개 떠 있다. 주민들이 삼여도라고 부르는데 이곳은 낚시터로 유명하다고 한다.

1코스에서 세 번째로 만나는 사촌마을은 사촌해수욕장으로 유명하다. 모래사장은 너비가 20m 길이가 650m 정도도 물이 맑고 수온이 적당해 해수욕을 즐기기에 좋다. 무엇보다 여기 모래는 정말 끝내준다. 가늘고 부드러운 것이 말 그대로 비단을 밟는 느낌이다. 이 모래 때문이 마을 이름이 '모래치' 즉 사촌^{沙村}이 됐다. 여기에다 300년 전 1720년 초에 바닷바람을 막으려 심었다는 소나무 숲이 우람하게 뻗어있어 운치를 더한다. 연인원 2만 명이 다녀간다는 이 마을에는 피서객들을 위한 주차와 숙박시설들이 제법 갖춰져 있다. 마을

유구마을 설징이 해변 주변 너른 들판. 이곳에서 패총이 나왔다고 한다.

고운 모래사장이 있는 해수욕장과 송림으로 유명한 사촌마을

뒤편으로 300m 정도에 오토캠핑시설도 있다. 옛 초등학교 건물을 고친 남해보물섬캠핑장이다.

선구마을·항촌마을

어쩌면 선구마을과 항촌마을이 1코스 풍경의 절정이겠다. 두 마을은 해안선이 항아리 모양으로 파인 몽돌해변을 공유하고 있다. 두 마을 뒤편으로는 산이 높고, 해변 양쪽으로 바다를 향해 등성이가 우뚝하다. 선구마을 쪽 등성이에서 항촌마을 쪽으로 바라보는 풍경도 좋고, 항촌마을 뒤편에서 선구마을 쪽으로 바라보는 풍경도 기가

선구줄꿋기를 할 때 당산제를 지내는 곳

막히다. 겨울에는 등성이 밭 황토의 붉은색과 바다의 푸른색이 대조를 이루며 멋진 경치를 보여준다. 항촌마을 쪽 등성이 정상에는 팔각정이 있는데, 이곳에서 바라보는 바다는 그야말로 망망대해다.

몽돌해변은 두 마을 경계를 이루는 암석지대를 중심으로 양쪽으로 각각 300여m씩 모두 600여m가 펼쳐져 있다. 항아리 모양 해안은 그대로 훌륭한 항구 시설이다. 그래서 옛날부터 이곳으로 배가 많이 드나들었다. 하여 옛 시절 이름이 '배구미'라고 한다. 배구미의 음과 뜻을 따서 마을 이름은 다시 '선구미船仇味'가 됐다가 조선 말에 선구仙區라는 한자를 붙였다. 마을 뒤편 산봉우리와 잣나무 숲에 신선이 살았다는 전설을 따른 것이다.

오랜 역사를 증명하듯, 선구마을에는 경남도 지정 무형 문화재로 지정된 민속놀이가 유명하다. 선구줄꿋기다. 이는 다른 지역의 차전놀이나 창녕의 영산줄다리기, 밀양의 게줄다리, 전남의 고싸움과 비슷하다. 지금도 매년 음력 정월 대보름에 재현 행사를 하고 있다. 이

전에는 마을에서 단 한 집도 빠짐없이 참여하는 마을 공동 행사였다. 줄끗기가 끝나면 승부에 관계없이 달집태우기를 하며 화합을 다졌다고 기록은 전한다. 선구줄끗기는 2015년 유네스코 지정 인류무형문화유산에 등록됐다.

바래길에서는 보이지 않지만 선구마을 쪽 등성이 아래 바닷가 절벽은 일제강점기 일본군이 남해 사람들을 강제로 데려와 만든 참호와 방공호가 있다. 만드는 도중 해방을 맞아 공사가 중단되었다고 한다. 당시 일본군이 몽돌해변 자갈을 여수로 실어가 오동도 연륙공사에 썼다는 기록도 있다. 특히 일본군이 퇴각하면서 소총 탄알과 칼 등을 선구 앞바다에 버렸는데, 해방 후에 한동안 이 총알들이 해변으로 밀려들었다고 한다.

펜션촌에서 바라본 항촌마을과 선구마을

선구마을은 해방 후 남면 지역 교육의 요람이었다. 당시 선구마을 출신 김명진 선생이 아이들을 가르칠 곳이 필요하다고 생각하고 마을 집회소에 해성학원을 세웠다. 현재 남면 평산리에 있는 해성중·고등학교의 모태다.

선구마을에는 한때 제주도에서 온 해녀들이 많았다. 1970, 80년대 이야기다. 당시 선구마을 앞바다는 해산물이 풍부해서 제주도에서 해녀들이 더러 돈벌이를 왔다. 어르신의 말로는 광양지역에 산업단지가 생기는 등 주변에 공장들이 많이 생기면서 바다 수질이 나빠졌고 자연스레 해산물도 줄었다고 한다. 그러면서 제주 해녀들도 하나 둘 고향으로 돌아갔는데, 개중에는 선구마을 사람과 결혼해 정착한 이도 있다. 2016년 1월 현재 제주 해녀 출신 할머니 세 분 정도가 살아계신다고 한다.

가천마을

1코스 마지막 마을인 가천마을은 아마 전국에 가장 많이 알려진 곳일 테다. 비탈을 깎아 만든 가천마을 다랭이논은 국가가 지정한 유형문화재^{명승}다. 유명한 관광지인 까닭에 숙박할 곳도 먹을 곳도 차를 마실 곳도 많다.

가천마을 양편 산비탈은 경사가 45도 정도로 가파르다. 이런 곳을 개간해 논을 만들어 농사를 지었다. 가천마을에도 해안이 있지만 바위투성이어서 배를 댈만한 곳이 없다. 그래서 가천마을 사람들은 옛날부터 주로 농사를 지었다. 다랭이논에는 여름에는 벼를 키우고, 겨울에는 마늘을 심었다. 농업 현대화로 농기계가 일상화되고서도 좁고 험난한 지형 탓에 소를 몰아 논을 갈고 지게를 지고 나락을 날랐다. 1코스 명칭 다랭이지겟길도 바로 지게를 지고 오가던 다랭이 논두렁을 가리킨다.

지금은 다랭이논을 가는 소나 지게를 진 농부를 만나기가 어렵다. 농사를 짓는 주민들은 이제 나이가 들었고, 다랭이논을 오가며 일을 하기가 벅차다. 지금은 남해군이 적극적으로 벼농사를 지원하기에 어느 정도 명맥은 유지하는 편이다. 반대로 가천마을이 유명해지고 관광객이 모여들면서 숙박시설과 식당, 카페는 급속도로 늘었다.

가천마을에 또 하나 유명한 것이 암수바위다. 마을 왼편으로 바다로 내려가는 길 옆에 있다. 우뚝 솟은 숫 바위는 남성의 성기를, 조금 떨어진 언덕에 기대 비스듬히 누운 암 바위는 잉태한 여성의 형상을 하고 있다. 옛 시절 마을 사람들은 이를 '암·수 미륵불'로 불렀고, 매년 음력 10월 23일 마을 제사를 지냈다. 이 외에도 개인적으로 아들을 낳게 해달라거나 병을 낫게 해달라고 빈다. 또 근처 통영이나 고성, 욕지도 등에서도 어민들이 찾아와 안전조업을 기원하기도 했다고 한다. 암수바위는 불교의 영향을 받은 일종의 토속신앙이자, 생식과 생산을 연결지었던 성 숭배 문화의 하나다.

가천마을에는 밥무덤이란 게 있다. 마을 한가운데 조그만 터에 높이 150cm 정도로 돌을 쌓아 만든 것이다. 윗부분에 널찍한 돌을 두고 그 아래 제삿밥을 둔다. 마을의 동쪽과 서쪽에도 조그만 밥무덤이 있다. 매년 음력 10월 15일 저녁에 마을 제사를 지낸다.

가천마을은 일제강점기 제법 큰 부대가 주둔한 곳이기도 하다.

가천마을 다랭이논에서 일하는 주민

1940년대 태평양전쟁을 일으킨 일제는 당시 주요 군항이던 여수에
연합군이 기습상륙 작전을 벌일 것에 대비해 남해에 군대를 주둔시
켰다. 가장 큰 곳이 가천이었다. 막사 10개 동에 병사가 200명 정도
였다고 하는데, 해방 때까지 계속 있었다고 한다.

유구마을 시금치밭 어르신들

남해바래길 1코스 다랭이지갯길. 유구마을 앞 조그만 모래사장을 스쳐지나 밭길로 접어들려는데 시금치밭에서 일하는 동네 어르신을 만났다. 아버님 한 분은 시금치를 잘라내고 어머님 세 분은 잘라낸 시금치를 다듬고 계셨다.

"언제부터 했길래 이리 많이 캤습니꺼?"

"하루 종일! 시간이 없어. 설 쇠고 나삐면 가격이 떨어지거든."

남해바래길 시금치 밭 어르신들

"이거를 언제 숨구면 이래 큽니꺼?"

"가을에. 시금치는 지금이 딱 수확철이거든. 이때 지내뿌면 잎이 누렇게 변해. 이거 하고 나면 또 마늘 심고, 여름에 마늘 비 내고 나믄 또 시금치 하고. 니 아직 장가 안 갔제? 어머이가 올해 몇이고?"

"장가 안 간 걸 우째 아십니꺼? 울 어머이 올해 70에."

"우리 막둥이도 장가 안 가고 속을 썩이 샀다. 저 옆에 저 어머이는 85살이고, 우리는 느그 어머이 보다 세 살 적다. 이쁘게 생구만은 와 장가를 안 갈꼬? 딴 거 다 잘해도 결혼 안 하면 못 하는 기라. 결혼을 해야 그게 부모한테 효도라! 저 저 아이스박스 안 있나. 그 안에 고구마 있은게네 다 묵고 가라."

장가 안 간다는 꾸지람을 들으며 집어 든 고구마는 아직도 따뜻했고, 달고 맛있었다.

평산2리 마을 이용섭 어르신

남해군 남면 평산 2리 마을 고샅을 살피는데 마침 동네 어르신 한 분이 지나가다 묻는다.

"뭣 하러 댕깁니까?"

양손에 하나씩 지팡이를 짚으셨는데, 걸음이나 목소리에 힘이 없어 한눈에도 병이 깊어 보인다.

하지만 호기심 많은 젊은이의 질문에 하나하나 답을 해주시는데 고마워서 몸 둘 바를 모를 정도였다.

"둘러보니 빈집이 많네예."

평산2리 마을 이용섭 어르신

　"아이고, 여여, 솔직히 빈집들이 꽉 찼소. 부인들 혼자 사는 데가 많아."

　"옛날에 마을에 5일장이 섰다고 하던데요?"

　"장터라고 이름은 있어. 내가 팔십이 넘었는데, 나도 말만 들었어. 저 밑에 마을회관에 가리서 안 보이는데, 나무 있는 곳이 장터야. 지금은 그 뭐이고, 마을에서 잡종으로 아니 여러 용도로 활용하지."

　"옛날에는 배도 많이 들어왔다 카던데예."

　"어, 오래됐다만, 이조 시대부터 여그가 진이었지. 나루 진津, 아나?"

　"어르신은 고향이 이 동네라예?"

　"나는 뭐, 여 순 토박이지. 내가 이 마을에 책임을 한 5, 6년 지고 있었거든. 내가 물러나고 젊은 사람이 이어서 했지."

(나중에 '남면지'에서 어르신의 성함 '이용섭'을 확인할 수 있었다. 어르신은 1996년에서 99년까지, 2004년에서 2006년까지 햇수로 7년 동안 마을 이장을 하셨다.)

"연세가 정확하게 우찌되십니꺼 그라믄."

"나이가요? 나이가 보자, 신년이니까, 내가 여든둘 되나 셋 되나 모르겠네. 지금은 내가 몸이 아파서…. 본격으로 아프기 시작한 거는 작년 7월달이라. 그 앞에는 그래도 경운기라도 타고 다니고 그랬는데 갑자기 아파서 아무것도 못 하고 있소."

말씀을 마친 어르신은 다시 힘겹게 걸음을 옮기셨다. 집에서 나오는 길인 줄 알았더니 집으로 돌아가는 길이라고 하셨다. 집까지는 꽤 거리가 있었는데, 그 먼 길을 양손에 지팡이를 짚고 종종걸음으로 다녀오신 거였다. 세월의 무게가 담긴 그 걸음걸이를 한참이나 바라보고 서 있었다.

2코스 앵강다숲길

가천다랭이마을 ~ 벽련마을
18km 6시간

미국마을과 앵강만

2 앵강 다숲길
(거리 18Km / 6시간)

미국마을 신전숲
월포·두곡해수욕장
원천
횟집촌
숙호숲
홍현해라우지
마을
남면 벽련마을 상주면
가천
다랭이마을 노도

가천마을 팔각정에서 시작

　휴일 남해군 남면 가천 다랭이마을은 관광객들로 북새통이다. 고샅마다 유유히 흐르는 관광객은 정작 다랭이논에는 관심이 없는 듯하다. 마을을 벗어나 다랭이논으로 향하니 문득 한적해진다.

　남해바래길 두 번째 코스 앵강다숲길은 이 다랭이논 끝자락, 팔각정에서 시작한다. 팔각정에서 바라보는 바다는 그야말로 태평양이다. 실제 보는 방향으로 계속 나아가면 일본을 왼쪽으로 끼고 태평양으로 이어진다고 한다. 태평양이라니 멋진 출발이 아닌가.

　출발하자마자 대숲을 만난다. 파도 소리와 대숲에 이는 바람 소리가 묘하게 닮았다. 대숲을 빠져나오면서부터 절벽 아래 경사를 따라 길이 이어진다. 시작부터 난코스다. 삼천포대교를 지나 가천마을에 거의 다다를 즈음 한국의 아름다운 길이라고 적힌 간판이 나온

다. 여기서부터 도로는 수평선이 보이는 바다를 왼편으로 끼고 낭떠러지를 따라 구불구불 이어진다. 그 낭떠러지 도로 바로 아래로 바래길이 나 있는 것이다.

급한 경사를 가로지르는 만큼 난간을 튼튼하게 세워 놓았다. 더러 난간이 없는 곳이 있는데 발걸음을 조심해서 옮기자. 그러는 동안 파도 소리는 끊임없이 길을 따라온다. 조금만 더 가면 전망이 탁트인 평지가 나온다. 바다 건너편으로 노도가 손에 잡힐 듯하다. 이평지로부터 길은 앵강만으로 들어가기 시작한다. 남해섬을 나비 모양에 비유하면, 날개와 날개가 붙은 몸통 아래쪽 부분이 앵강만일 것이다. 남면과 이동면, 상주면 9개 마을이 이 앵강만을 끼고 있다.

평지를 지나 잠시 가파른 돌길을 오르고 나면 다시 넓은 평지가

가천마을에서 시작한 낭떠러지 길에서 처음 만나는 평지. 건너편으로 노도가 보인다.

드러난다. 한적하고 양지바른 곳이다. 뜻밖에 아늑하기도 해서 마치 바래길에 숨겨진 비밀 장소라고 할만하다. 띄엄띄엄 벤치가 놓여 있는데 특히 큰 소나무 두 그루 아래 벤치에는 한여름에 시원한 그늘로 가득 찰 것 같다. 길은 이제 내리막이다. 조금 걷다 보면 크고 작은 해안초소들이 연이어 나타난다. 이제는 쓰지 않는 곳들이다. 마지막 초소 옥상에 전망대가 마련돼 있다.

길은 이제 바다 건너 노도를 완전히 오른편으로 제치고 나아간다. 이곳은 내리막이 꽤 가파르니 조심조심 걷자. 제법 숲이 깊어 혼자 걷기에 무서울 수도 있겠다. 하지만, 길이 정비가 잘 되었고 아기자기해서 걷는 재미가 있다. 숲을 벗어나면 길이 잠시 도로 쪽으로 슬쩍 다가간다. 차들이 아슬아슬 커브 길을 돌아나가는 모습을 볼 수 있다. 여기서 홍현마을까지는 아직 1km가 남았다. 노도는 이제 뒤편으로 사라지고 아득한 내리막길이 이어진다. 그러다 시야가 탁 트이는 곳에서부터는 시멘트길이 시작된다. 낭떠러지길이 끝난 것이다.

홍현마을 석방렴을 지나

주황색 지붕이 이색적인 펜션을 지나 조금만 가면 조그만 선착장이 보인다. 홍현마을 초입이다. 여기서는 바닷가 넓은 도로를 따라간다. 해변에 깔린 커다란 돌들이 인상적이다. 홍현마을에서는 예로부터 이런 돌들로 석방렴을 만들어 물고기를 잡았단다. 석방렴은 해변에 돌담을 쌓아 밀물 때 들어온 물고기가 썰물이 되면 갇히게 한 원시적인 어로 방법이다. 홍현마을에서 처음 만난 석방렴을 지나 방풍림을 에돌아 가면 또 다른 석방렴이 나온다. 앞의 것보다 크기가 작다.

두 번째 석방렴을 지나면 다시 도로를 따라 걸어야 한다. 바래길을 위해 새로 만든 인도가 산뜻하다. 최근에 만든 듯한 전망대도 있다. 그러다 길은 해변을 향해 꺾여 들어간다. 송림을 거느린 해변을 다 걷고 나면 바다를 등지고 돌아 나오는데, 완만한 경사에 걸쳐진 농지가 인상 깊다. 그리고는 낮은 언덕을 하나 넘는다. 언덕길은 풍경이 곱다. 특히 언덕 뒤로 펼쳐진 하늘빛이 바다 못지않게 푸르다. 그 하늘을 보며 언덕 너머 풍경을 상상해보는 일 또한 멋지다. 소담하고 즐거운 언덕이다.

언덕을 넘어 내리막을 쭉 내려오면 월포마을이다. 마을 해변은 월포해수욕장이다. 월포해수욕장은 바로 곁 두곡해수욕장으로 이어진다. 두 해수욕장은 기본적으로 몽돌해변인데, 월하 쪽에는 자갈 사이 모래사장이 제법 풍성하다. 두곡은 온통 자갈 해변이다. 자갈밭은 음파 같은 곡선을 그리며 바닷물과 경계를 이루고 있다. 두곡해수욕장 끝 펜션 앞은 뜻밖에 모래사장이다. 길은 모래사장을 지나 바위섬을 오른편에 세우고 육지를 향한다. 이정표는 미국마을을 가리키고 있다.

미국마을을 관통해

이제부터 도로를 따라 걷는다. 인도가 있지만 차들이 빠르니 조심하자. 가다 보면 남면과 이동면 경계가 나타난다. 여기서 200m를 더 가면 길은 도로를 버리고 산으로 들어간다. 산속에서 이 길이 맞나 불안해질 즈음 바래길 이정표가 나타난다. 그리고 잠시 산행을 하게 된다. 하지만, 길이 가파르진 않고 길지도 않으니 여유로운 마음으로 걷자. 산길을 빠져나오면 포장된 농로가 산 중턱으로 이어지는데, 아래부터 바닷가까지의 경사지가 온통 논밭이다. 이곳에서 앵

미국마을

강만을 바라보는 전망은 가히 2코스 최고라고 할 만하다. 잠시 걸음을 멈추고 가지런히 정돈된 농토와 그 너머 반짝이는 바다, 정박한 어선, 묵직한 존재감의 노도를 가만히 바라보자.

전망을 오른편으로 끼고 길이 계속된다. 가다 보면 수로 위로 철망을 걸친 길이 나오는데, 울렁울렁 걷는 재미가 있다. 이후는 소소한 산속 오솔길이다. 조금만 더 가면 미국마을이 나온다. 정확히 미국마을 위쪽 끝이다. 미국마을^{아메리칸빌리지}은 남해군에서 재미교포들이 노후생활을 할 수 있게 조성한 것이다. 그래서 미국식으로 지은 주택이 많다. 지금은 펜션을 운영하는 곳이 꽤 있다.

미국마을을 관통해 빠져나오면 도로를 건너야 한다. 주변 논밭이 아주 반듯하고 가지런하다. 15년 전쯤 경지정리를 해서 그렇다고 한다. 길은 그대로 바다를 만난다. 화계마을이다. 마을은 바닷가를 따

상수리나무로 가득한 신전숲

라 제법 규모가 크다. 이 마을 해안도로를 따라 걷다 보면 곧 신전 숲이다. 이곳이 앵강만의 가장 깊숙한 곳이겠다. 숲은 상수리나무로 가득하다. 군부대가 있다가 이전을 했는데, 그 자리에 체험시설 등을 만들었다. 그리고 이곳을 앵강다숲마을이라고 이름 붙였다. 2코스 명칭인 앵강다숲길은 바로 이 신전숲에서 비롯된 것이다. 앵강다숲마을에는 남해바래길탐방안내센터가 있다. 여기까지 오느라 제법 지치기도 했을 테니 탐방센터에 들러 차도 얻어 마시고, 화장실도 다녀오자.

다시 길을 나서 신전숲 끝에서 신전교를 지난다. 작은 다리와 큰 다리로 이뤄져 있다. 이제부터 길은 해안을 따라 마을들을 연결하며 이어진다. 여기서부터 바다 풍경은 앵강만의 반대편을 바라본다. 지금껏 지나온 마을들이 한눈에 들어온다. 금평마을과 남해자동차운전학원을 지나면 원천마을이다. 원천마을 방풍림도 제법 운치가 있다. 원천마을에서 마지막 벽련마을 까지는 따로 이정표가 없다. 도로를 따라가는 길이며 인도가 따로 없기에 위험하기도 해서 굳이 힘이 남아돌지 않으면 원천에서 걷기를 마쳐도 된다.

만약 차를 가천마을에 세우고 걷기 시작했다면 돌아가는 버스를 타는 게 불편하겠다. 벽련이나 원천마을에서 남해읍으로 가는 버스를 타고 가다 다시 남해읍에서 가천마을로 가는 버스를 갈아타야 한다. 시간이 맞지 않으면 2시간이 넘게 걸릴지도 모른다. 이럴 때 콜택시를 이용해보는 것도 괜찮다. 다만 남해읍에서부터 오기 때문에 운임이 2~3만 원 정도라 부담스러울 수도 있다. 하지만, 버스정류장에 붙은 광고를 유심히 살피면 근처 면사무소 소재지에 있는 콜택시 번호를 찾을 수도 있다. 요금이 조금 더 싸다.

남해바래길 2코스는 앵강만을 끼고돈다. 앵강만은 남해섬 남쪽으로 움푹 들어간 바다다. 이동면, 상주면, 남면 9개 마을을 두르고 있다. 나비가 두 날개를 펼친 것 같은 모양이라고 한다. 항아리가 누워있는 것 같다 해서 사람들이 '앵강'이라고 불렀다는 말도 있다. 앵강만의 구슬픈 파도 소리가 앵무새의 노랫가락 같아 '앵강鸚康'이라고 부른다는게 요즘 설명이다. 이 앵강만이 바래길 2코스의 모두라고 해도 지나친 말은 아니다. 마을마다 해변에 조성한 방풍림防風林이 2코스의 특징이라고 하는데, 이들 역시 모두 앵강만을 향해 있기 때문이다.

홍현1리마을과 석방렴

가천 다랭이마을에서 시작한 바래길 2코스가 처음 만나는 마을이 홍현이다. 무지개 '홍虹'에, 고개 '현峴'. '무지개 고개'란 뜻이다. 홍현마을 뒤편 설흘산과 도성산의 산세가 무지개처럼 생겼다고 해 붙인 이름이라고 한다. 이전에는 물직리勿直里로 불렸는데, '무지기무지개마을'을 한자로 옮긴 것이다. 조선 고종 32년1895 갑오개혁에 이은 지방행정구역 개편 때 무지개를 한자로 의역해 홍현으로 이름 붙였다고 기록은 전한다. 지금은 홍현 해라우지 마을이라고도 부르는데, 해라우지도 무지개란 뜻이다.

홍현마을 커다란 자갈 해변과 석방렴

홍현마을은 남해가 '전야산군'이라 불리던 신라시대부터 있었을 것으로 추정한다. 그렇다면 1200년이 넘은 마을이다. 옛날에는 이곳에서 소라가 많이 나서 '라라螺羅·일명 난발'라고 부르기도 했단다.

바래길이 홍현마을로 들어서면 바로 바닷가 길을 걷게 된다. 1996년 앵강만 개발사업으로 만들어진 호안도로다. 도로를 따라 마을을 빠져나갈 때까지 250여 m가 모두 방풍림으로 이어져 있다. 바닷가는 몽돌해변이다. 그런데 해변을 가득 채운 건 몽돌자갈이 아니라 커다란 몽돌바위다. 홍현마을 사람들은 예로부터 이 바위를 바닷가에 쌓아 석방렴石防簾·돌발을 만들었다. 석방렴은 썰물 때 들어온 물고기가 밀물이 되면 갇히게 되는 원시적인 어로 방법이다.

숙호숲과 몽돌해변

숙호숲과 전복양식장

홍현마을에서 나온 바래길은 잠시 도로를 따라간다. 그러다 다시 바닷가로 내려서는데 그곳이 숙호숲이다. 하지만, 홍현마을에서 계속해 해안을 걸어도 되겠다. 숙호숲 직전에 만나는 커다란 건물이 하나 있는데 전복양식장이다. 남해전복영어조합법인이 운영하는 곳이다. 예로부터 홍현 앞바다는 전복, 해삼, 미역이 많이 나기로 유명했다. 양식장에서 1년 정도 배양한 전복은 다시 홍현 앞바다 양식장으로 보내 3년 이상을 키운다. 특이하게도 이 법인에서는 실제 제주 해녀를 고용하고 있다고 한다. 해녀들은 양식장 전복뿐 아니라 앵강만 주변 마을에서 자연산 전복도 수확한다. 그래서 양식장 한편에 있는 판매장에서 자연산 전복과 멍게, 해삼 등을 살 수 있다. 양식장 건물 2층에는 법인이 운영하는 '남해자연맛집'이란 전복 전문 식당이 있어 신선한 전복 요리를 바로 맛볼 수 있다.

전복양식장을 지나면 바로 숙호숲이다. 홍현 해변과 다르게 자잘한 몽돌이 깔린 데다가 울창한 송림이 200m 정도 이어져 있는데, 제법 운치가 있다. 숙호숲 끝 해안에 있는 게 칼바위다. 이 바위에는 아득한 옛날 어느 장수가 바위에서 바다를 뛰어넘어 금산에 들어갔다는 장수방特帥房 전설이 전해진다. 바위 위에 그때의 발자국이 남아 있다고 한다. 이 숙호숲 끝에서 바래길은 바다를 등진다.

월포·두곡해수욕장과 고진성

숙호숲에 이어 바래길은 작은 등성이를 하나 넘어 월포마을을 만난다. 마을에 들어서면서부터 시작되는 백사장은 바로 옆 두곡마을 해안과 이어지며 900m나 계속된다. 상주해수욕장과 더불어 남해섬이 품은 또 하나의 보물 월포·두곡 해수욕장이다.

백사장은 두곡마을을 스치고 흘러온 두곡천을 경계로 월포마을과 두곡마을로 나뉜다. 하지만, 바닷가에 이른 하천은 지하로 사라져 백사장에는 경계가 없다. 긴 해변을 따라 정렬한 소나무들도 장관이다. 두곡 쪽은 1972년 마을 자력으로, 월포 쪽은 1986년 남해군 지원으로 소나무를 심었다고 한다. 해수욕장이 끝나는 지점에 꼭두방이라는 바위섬이 있다. 조그만 정박시설을 만들면서 콘크리트로 육지와 연결됐다. 뒤로 돌아가 보니 제법 덩치가 큰 바위섬이다. 지금은 유명한 낚시터라고 한다.

두곡마을 들판에서 바라본 월포두곡해수욕장.

　월포마을은 옛날에는 순월개라고 했다. 마을 생김새가 음력 초열흘 초승달 모양을 닮았다고 해서 붙여진 이름이다. 두곡마을로는 바래길이 가 닿지는 않는다. 바닷가에서 조금 멀리 있어서다. 옛날에는 쇠를 굽던 곳이 있어 두곡마을을 전동煎銅이라 불렀다. 또는 이 마을에서 곡식을 되는 데 쓰는 말을 많이 만들어서 두곡이라고 했다는 말도 있다. 20여 년 전에는 마을 앞 '몰랭이'라는 등성이에서 봄이면 화전놀이를 했는데, 지금은 해수욕장 송림으로 자리를 옮겼다고 한다. 바래길에서 두곡마을을 바라보면 왼쪽으로 낮은 등성이가 있는데, 임진왜란 때 왜구를 방비하려고 쌓은 고진성古鎭城 자리다. 지금도 성벽 일부가 남아있다. 남해군에서 가장 오래된 성 중 하나라고 한다.

미국마을 초입.

미국마을과 용문사

　월포·두곡해수욕장을 거친 바래길은 바다를 지나 호구산 자락을 살짝 걸친다. 그리고는 미국마을을 만난다. '아메리칸빌리지'라 불리는 이 마을은 독일마을에 이어 남해군에서 추진한 또 하나의 이주마을이다. 지난 2005년부터 재미교포들에게 분양하기 시작했다. 지금은 내국인이 소유하는 집도 많다. 주민들 말로는 2016년 3월 현재 22가구가 살고 있다고 한다. 이름난 대학에서 일하는 교수들이 제법 살고 있다는 귀띔이다. 마을 생김새는 단출한데, 미국식 건축양식으로 지은 예쁜 집들이 마을 한가운데 도로를 따라 길게 늘어서 있다. 펜션 영업하는 곳이 많으니 기회가 되면 한 번 묵어볼 만하다.

천년고찰 용문사 주변 숲은 울창하기로 유명하다.

바래길은 미국마을을 관통한 도로를 따라 그대로 바다로 이어진다. 반대로 산 쪽으로 올라가면 용문사 가는 길이다. 바래길만이 목적이 아니라면 용문사는 꼭 한번 가볼 만하다. 신라 문무왕 3년[663] 원효대사가 창건한 금산 보광사가 전신인데, 조선 현종 원년[1660] 백월대사가 보광사의 사운이 기운 것을 보고 지금 자리에 용문사를 창건했다고 한다. 임진왜란 때는 승병 활동의 근거지 노릇도 했다. 지금도 당시 쓰던 삼혈포와 승병들 밥을 담던 구시통과, 왕실로부터 받은 보물을 간직하고 있다. 그뿐만 아니라 대웅전, 명부전 같은 건물과 국가 보물 1446호 괘불탱화 등 용문사가 지닌 문화재는 16점이나 된다. 용문사 뒤편 녹차밭은 주변 소나무와 어우러져 멋스럽다. 주변에 남해군이 조성한 자생식물단지 '3자림[유자·비자·치자]'이 있다.

용문사 주차장 근처에 이무기가 살았다던 용소[龍沼]라는 못이 있는데, 근처 용소마을 이름이 여기에서 비롯됐다. 용소마을은 예로부터 남해에서 가장 큰 마을이라고 주민들은 말한다.

화계마을과 배선대

미국마을에서 벗어난 바래길은 바다와 만나면서 화계마을로 이어진다. 해안도로를 따라가다 보면 마을이 나온다. 마을 중간 즈음에 있는 커다란 느티나무를 눈여겨보자. 500여 년 전 정박한 배를 묶어두던 나무라고 한다. 둘레가 7.1m, 높이가 14m로 지난 1982년 남해군 보호수 12-34호로 지정되었다. 그러니까 이곳이 옛날에는 바닷가였다는 뜻이다. 해변 일부가 매립되면서 나무가 육지로 밀려난 모양새가 됐다. 매립으로 조선시대 만든 굴항掘江이 사라졌다. 이는 바다 쪽 입구는 좁게 육지 쪽은 깊게 만들고 주변에 나무를 심어 배를 숨겼다가 왜구가 나타나면 바로 출동하도록 한 군사시설이다. 화계마을은 조선시대 조창세금 창고이 있던 곳이다. 그래서 왜구가 노략질을 일삼았다. 매립으로 사라진 것은 또 있다. 배선대다. 배를 대는 곳이란 뜻인데, 예로부터 화계마을에서는 정월 보름날 어선들이 선창에 일렬로 늘어서 용왕에게 제사를 지냈다. 이것을 '화계 배선대 놀이'라고 부른다. 그런데 매립을 하면서 선착장이 사라졌고, 마을 사람들은 선착장 자리에 '배선대'라고 적은 비석을 세워 지금도 제사를 지내고 있다. 화계마을 앞을 지나다 보면 배선대와 느티나무를 모두 볼 수 있으니 잘 찾아보자.

마을에서 육지 쪽으로 깊이 들어가면 길현미술관이 나온다. 미술

화계마을 고샅

가 길현이 운영하는 곳인데, 지역 주민과 함께하는 행사가 많다. 길현미술관은 옛 성남초등학교를 고쳐 만든 것이다. 초등학교 자리는 옛날 곡포성이 있던 곳이다. 화계마을의 옛 이름이 곡포曲浦다. 이는 화계마을이 앵강만의 가장 깊숙하고 구부러진 곳에 있기에 붙여진 것이다.

신전·원천마을과 앵강다숲

화계마을 해안도로는 그대로 신전숲으로 이어진다. 신전마을 앞 해안에 있는 이 숲은 남해 이동면에서 가장 풍광이 좋기로 유명하다. 참나무, 소나무, 느티나무, 편백, 소사나무 등 18여 수종이 가득하다. 이전에는 군부대가 있어 출입할 수 없었는데, 지금은 부대가 옮겨가고 남해군에서 휴양촌과 체험촌을 조성해 앵강다숲마을이라 이름 붙였다. 이곳에 남해바래길 탐방안내센터가 있어 바래길 관련 정보를 얻을 수 있다. 바로 옆 남해약초홍보관에서는 쑥뜸 무료 체험도 할 수 있고, 3층에는 카페가 있어 차도 한잔할 수 있다. 쑥이 들어간 음료가 독특하다. 운이 좋고 시간대가 잘 맞으면 신전숲에서 멋들어진 노을을 감상할 수도 있다.

신전숲에서 바닷가를 계속 따라가면 원천마을이다. 옛날에 이곳에 원院·나라에서 만든 일종의 여관이 있었는데, '원이 있던 냇가 마을'이란 뜻에서 마을 이름이 원천院川이 됐다. 원천마을 앞 해안을 따라 아름드리 느티나무, 포구나무가 500m가량 이어진다. 의외의 발견처럼 멋들어진 풍경을 보여주는 방풍림이자 어부림이다.

원천마을 방풍림

인심 좋은 남해 아지매들

남해바래길을 걷다 보면 더러 뭐 하는 사람이냐, 어디에 사느냐고 묻는 분들이 계십니다. 그때마다 사진 찍으러 다니는 사람이라거나 그냥 백수라고 대답합니다. 그게 불쌍해 보이셨는지 이것저것 챙겨주시는 분들이 많습니다.

2코스 미국마을 초입에서 만난 아지매도 그렇게 우연히 만났습니다. 굳이 산책가던 길을 되돌려 마을을 안내해주십니다. 그리고 선뜻 집안도 구경시켜 주셨습니다.

"웰컴 투 마이 하우스!"

할머니식 영어라며 쑥스러운 표정으로 환영 인사를 하시고는 차와 과일을 내오셨지요.

"봄에 꽃 필 적에 지금 사는 집을 보고 너무 맘에 들어서 이전 주인에게 팔라고 사정사정해서 겨우 샀어."

올해 66세 되셨다는 아지매는 시댁이 남해랍니다. 식탁에 앉아 도란도란 이야기를 나누다 보니 피로가 스스로 풀리는 기분입니다.

미국마을 바로 아래 시금치밭에서 만난 아지매도 그랬습니다. 아지매는 시금치를 키워 자식 대학 등록금 내셨답니다. 이제는 손자들이 대학에 들어간다는군요.

"우리 외손자 올해 대학 들어가서 보태줬제. 할머니가 되가꼬 좀 도와줘야지. 할머니 장하제? 허허허"

미국마을 아지매

얼마 전에 딸이랑 일본 여행을 했답니다. 딸이 척척 영어로 의사 소통을 하는 것을 보고는, 어려운 집안 사정에도 참 잘 큰 것 같아 대견한 생각이 드셨답니다.

"그러면 밥은 우짤라꼬? 우리 집에 따라 올라갈까?"

굳이 점심을 대접하겠다는 걸 겨우 사양하고 돌아서는 뒤통수에 다 그럼 조심하며 다니라고 당부하십니다.

거참, 남해 아지매들 인심 참 좋습니다.

홍현마을 빨래하는 할머니

남해군 남면 홍현마을 고샅을 거닐다 빨래터에서 할머니 한 분을 만났습니다.

동네 한 편에 있는 물이 아주 풍부한 공동 빨래터였습니다.

그날따라 햇살도 좋아서 빨래터에 앉은 할머니가 참 따뜻해 보였습니다.

"어무이, 오늘 날이 참 따시네예."

"어~ 오늘 따시네. 따시다꼬 내가 빨래허네."

"여기 물이 많이 나오네예."

"여 물이 참 좋네. 옛날에는 물이 적어서 바가지를 달아두고 받아 뭇는데, 요새는 물이 많아. 겨울에는 따시고 여름에는 참고. 요새는 따시네. 감기가 들어서 드러 누가 있다가 날이 따시다꼬 내가 살살 일어나 옷 씻는다고 일카네. 한체 산께네 뭐."

"어무이 혼자 사신다고예?"

홍현마을 빨래터에서 만난 할머니

"영감, 할멈 이래만 살고 자식들은 객지나가 살제. 오늘 아들이 오끼네. 집에 마 바램이 불어가꼬 보로꾸^{담장}가 넘어 가가꼬, 그거 쌓는다꼬 오끼네."

그렇게 한참을 할머니와 도란도란 이야기를 나눕니다. 홍현마을은 아랫담, 웃담으로 나뉘어 있답니다. 그 말 자체가 참 정겹습니다.

지나던 고양이가 문득 동그란 눈을 하고 그런 우리를 보고 있습니다.

할머니는 끝내 자기 자신은 찍지 말라고 하십니다. 초라한 입성이 부끄럽답니다.

그래도 몰래 찍었습니다. 죄송합니다. 할머니. 건강하세요.

3코스 구운몽길

벽련마을 ~ 천하마을
15.6km 5시간 30분

금산 운치를 만끽할 수 있는 금산산장

사실 남해바래길 '3코스 구운몽길'은 공식적으로 존재하는 길이 아니다. 환경보호와 안전문제로 한려해상국립공원 쪽과 협의가 잘 되지 않아서다. 그래서 공식적인 안내판이나 이정표가 없다. 게다가 코스 대부분이 깊은 숲을 지나고 있어 길을 잃을 가능성도 있다. 코스 중간중간 낭떠러지 주변은 위험한 곳도 적지 않다. 그래서 '제대로 탐방로가 조성되지 않았기에 탐방을 권장하지 않는다'가 한려해상국립공원 쪽의 공식입장이다. 남해군도 이를 고려해 3코스를 계획구간 또는 미개통구간으로 표시하고 있다. 안전문제를 생각한다면 3코스 전체 예정 코스는 공식적으로 탐방로가 개설된 후 걷는 것도 좋겠다.

남해군 상주면 벽련마을에서 시작

남해바래길 3코스 구운몽길미개통 구간은 남해군 상주면 벽련마을에서 시작한다. 마을 위를 남북으로 가로지르는 국도19호선에서 바로 마을 입구로 길이 연결된다. 그러다 보니 마을 입구가 마을보다 높다. 이곳에서 노도를 바라본다. 노도는 조선 후기 문인이자 소설가인 서포 김만중1637~1692이 유배와 살다가 죽은 섬이다. 〈구운몽길〉과 〈사씨남정기〉가 이 섬에서 태어났다. 바래길 3코스의 이름이 구운몽길인 까닭이다. 노도는 마을과 나란히 서 있다.

벽련마을 입구에서 선택을 해야 한다. 체력과 시간을 아끼려면 국도19호선을 그대로 따라 다음 두모마을까지 가는 것도 좋은 방법이다. 바래길 탐방센터는 아예 대량마을에서부터 시작하라고 안내한

다. 고민 끝에 벽련마을 산길을 그대로 걷기로 한다.

마을 해안 오른쪽에 벽련항이 있다. 이곳에서 노도로 가는 배를 탈 수 있다. 벽련항을 지나치고 나서 찻길이 끊어진 곳에서 걷기 시작한다. 바래길 시작점이라는 표시는 없다.

바람이 불지만 바닷물은 잔잔하다. 길이 산 초입 숲으로 접어들자 바람이 잦아든다. 우거진 나무들이 바람을 막은 것이다. 문득 남해섬 마을 곳곳에 있는 방풍림이란 게 이런 역할을 하는구나 싶다. 오르막을 조금 오르면 곧 길이 정겨워진다. 숲이 깊어 산속에 푹 안긴 느낌이 든다. 숲 속에서도 파도 소리와 배 엔진 소리가 들린다. 하지만, 숲 길은 바다를 향한 시선을 내면으로 돌리게 한다. 그렇게 묵묵히 걷는 길이다. 드문드문 앞서 길을 걸은 사람이 남긴 산행 표시 리본이 나타나 길동무가 된다.

몸이 좀 풀렸다 싶을 때 즈음 내리막이 시작된다. 정면에 있던 노

국도19호선에서 바라본 벽련마을과 노도

도는 어느새 오른쪽으로 바짝 붙어 있다. 그리고 다시 완만한 경사로 오르막이 이어진다. 오르막이 힘들다 싶을 때 송전탑이 하나 나온다. 윙윙 소리를 내며 고압 전류가 노도를 향하고 있다. 송전탑을 지나면 갑자기 급경사 내리막이다. 곧 건너편으로 두모마을 선착장이 보인다. 바다는 두모마을 앞까지 깊이 들어와 있는데 마을 한가운데를 흐르는 하천은 긴 모래사장을 벌이고서야 바다와 만난다. 멀리서 봐도 물이 맑은 게 선명하게 보인다. 마을 뒤편으로는 금산이 우뚝하다.

　마을로 들어선 길은 하천으로 내려간다. 다리를 따라 하천을 건넌다. 바로 조그만 공원이 나오는데 화장실도 있으니 힘들면 쉬어 가도록 하자.

공원을 지나서 오른쪽으로 선착장을 향해 간다. 그러다 왼편으로 처음 나오는 오르막 샛길로 접어든다. 시멘트로 포장된 도로다. 샛길 초입에 산행 표시 리본들이 있으니 쉽게 알아차릴 것이다. 오르막에서 뒤를 돌아보니 지금까지 걸어온 길이 마을 앞 모래사장 건너편으로 펼쳐져 있다. 오르막길 주변을 낡고 정겨운 집들이 듬성듬성 풍경을 이루고 있다. 주변 밭에는 동네 어르신들이 겨울초를 수확하고 있다.

잠시 후 시멘트 왼편으로 나있는 흙길로 들어선다. 길이 좁고 풀이 우거져 있으니 조심하자. 길가의 펜션을 지나 갈림길에서 다시 왼편으로 들어서면 도로에 닿는다. 이 주변에서 길을 잃을 가능성이 큰데 무조건 윗편 도로 쪽으로 올라간다고 생각하고 방향을 잡자.

해안도로를 따라 소량마을로 들어서다.

소량마을로 향하는 도로는 차선도, 갓길도 없어 조심해야 한다. 그나마 지나는 차가 적은 게 다행이다. 고개를 넘으면 아담하고 정갈한 어항이 보인다. 소량마을이다. 설렁설렁 내리막을 걷는다. 그대로 도로를 따라 마을을 가로질러도 되고, 시간을 내 선착장 쪽으로 둘러봐도 좋겠다.

만만치 않은 길

소량마을에서 도로를 따라 다시 언덕을 하나 넘으면 대량마을이다. 마을 초입에 버스 정류장이 있다. 해안도로는 여기에서 끊어진다. 군내버스는 이곳까지 들어온 후 왔던 길을 되돌아 소량마을로 향한다. 정류장을 지나 바닷가를 향한다. 마을 선착장에 가 닿을 때쯤 왼편으로 난 도로를 따라 오르막을 오른다. 돌아보니 이제 노도의 뒤통수가 보인다. 길이 가팔라 숨이 차다. 오르막이 참 끈질기구나 하는 생각이 들 즈음 경사가 잦아들면서 길이 평평해진다. 곧 아스팔트 포장이 사라지고 시멘트 길이다. 그리고는 이내 흙길로 이어진다. 흙길로 접어들자마자 오른쪽 샛길로 들어가야 한다. 길을 잃기 쉬운 곳이니 주의하자. 간이 이정표와 리본을 잘 살펴야 한다.

다시 본격적인 산행이다. 산길 자체는 힘들지 않지만, 숲이 깊고 인적이 드물어 으스스한 기분마저 든다. 숲 사이로 드문드문 드러나는 바다 풍경은 목마를 때 마시는 물처럼 후련하다. 중간중간 갈림길이 많으니 잘 살펴 길을 찾자. 가파른 오르막을 오르다 문득 능선을 따라 걷게 되는데 바로 옆으로 바닷가 암벽이 펼쳐져 있어 아찔

대량마을에서 시작하는 해안 절벽

상주해수욕장은 모래사장을 걸어도, 송림을 걸어도 즐겁다.

하다. 그렇게 오르락내리락 벼랑길과 숲길을 한참을 걸어야 겨우 상
주마을에 닿는다. 대량마을에서 상주마을에 이르는 6km 숲길은 한
번 들어서면 중간에 빠져나올 수가 없으니 너무 늦지 않도록 시간
안배를 잘해야 한다.

　숲길을 빠져나오면 아스팔트 도로를 만난다. 도로를 따라가면 상
주 하수종말처리장과 남해특성화연구센터를 지나 곧 상주해수욕장
이 한눈에 보인다. 상주해수욕장에서는 모래사장을 걷든, 송림을 걷
든 모두 즐겁다. 물론 여름 피서철에는 엄청난 인파에 시달릴 것이
다. 길은 상주중학교 앞을 지난다. 모래사장을 에돌아 유람선선착장
에 거의 닿을 즈음 왼편 산길을 찾아 들어가야 한다. 다시 숲 속이
다. 상주해수욕장의 은빛 모래사장이 아직 눈에 잔상으로 남은 탓

에 숲길은 외려 어떤 비밀 장소로 들어서는 느낌이다. 숲길은 곧 임
도를 만난다. 임도의 끝에서 다시 숲길이 이어진다. 마찬가지로 오르
락내리락 해안절벽을 지나는 길이다. 양지바른 무덤가를 지나면 한
결 편안하고 너른 길이 나타난다. 그 길을 따라 고개를 하나 넘으면
금포마을이다. 고개 정상에는 근처 해안이 과거 간첩침투지역이라는
내용의 안내판이 서 있다.

　고개를 넘으면 금포마을 풍경이 펼쳐진다. 등성이를 따라 황토밭
이 가지런히 마을까지 이어져 있다. 길은 황토밭 사이를 여유 있게
돌아서 마을로 들어간다. 무언가 풍성하고 정겨운 것이 제대로 시
골길을 걷는 맛이다. 길을 따라 그대로 동네 안으로 향한다. 고샅을
따라 바닷가로 빠져나와 몽돌해변을 따라 걸으면 곧 천하마을이다.

　"330년 전 꼿꼿한 선비에게 이 길은 한없이 멀었다. 한양에서 경남이 먼 땅이었고, 남해는 경남 땅에서 떨어진 섬이었다. 노도는 섬에서 또 떨어진 섬이다. 예나 지금이나 물살이 거칠었던 바다는 섬과 섬 사이를 더욱 벌려놓았다. 동력선으로 10분이지 돛에 의지하는 배는 꽤 시간을 들여 눈앞에 있는 섬에 닿았을 테다. 선비는 섬 언덕배기 한쪽에 초가를 지었다. 먹을 것이라고는 솔잎을 넣은 피죽과 자신이 파놓은 샘뿐이었다. 왕에게 미움받은 선비는 살림도 마음도 가난했다. 우리 문학사에서 손꼽는 귀한 자산은 외롭고 척박한 삶에서 솟았다." 〈경남의 재발견〉도서출판 피플파워, 2013

노도와 벽련마을을 오가는 노도호. 건너편으로 벽련마을이 보인다.

남해 노도에는 '노자묵자할배' 전설이 전해 내려온다. 옛날에 노도 동쪽 큰 골짜기에 어떤 노인이 와서 초가 움막을 짓고 살았는데, 만날 하는 일 없이 놀고먹고 하며 먼바다만 바라보고 있었다고 한다. 하여 사람들이 그를 노자묵자할배라 불렀다. 노인은 섬에 온 지 이태 만에 죽었는데, 섬사람들이 큰골 산등성이에 무덤을 만들어 주었다. 이 노인이 조선 대표적인 글쟁이 서포 김만중이다. 노도는 서포의 마지막 유배지이자, 생을 마감한 곳이다. 남해바래길 3코스 구운몽길은 이 노자묵자할배 전설로부터 시작한다.

노도

노도는 3코스가 시작하는 벽련마을 벽련항에서다 배를 타고 가야 한다. 노도에 적을 둔 12명 정원의 여객선 '노도로' 한 척이 매일 시간을 정해 왕복 운행한다. 오전 9시에 벽련항을 출발하면 정오에 나오는 배가 있어 노도에서 3시간을 있어야 한다. 12시 30분에 출발하는 것을 타면 오후 2시에 나오는 배가 있어 1시간 반 정도 시간이 된다. 둘을 비교해 적당한 시간에 배를 타면 된다.

배가 도착한 곳은 노도 북쪽 마을이 있는 곳이다. 13가구 17, 8명이 살고 있다고 한다. 지금은 북쪽에 마을이 있지만, 조선시대에는 섬 동쪽 큰 골짜기에 사람들이 모여 살았다. 유일하게 민물이 나는 곳이어서다. 지금도 큰골 아래 해안에 상수도 시설이 있다. 김만중이 살던 움막도 동쪽 골짜기에 복원돼 있다. 움막 주변은 온통 동백나무다. 움막 옆으로 김만중이 스스로 팠다는 샘터도 남아 있다. 옛 움막에서는 아마 바다 건너편으로 두모마을이 보였을 것 같다. 옛날 서포 김만중을 묻었다는 곳은 계단을 따라 산 중턱까지 올라가는데 '허묘墟墓'라고 한다. 김만중의 시신이 이곳에 두 달 정도 묻혀 있다가 가족들이 와서 가져갔기 때문이다. 노도 전설은 이를 '노지나뫼등'이라 전한다.

노도는 옛날에 배의 노를 많이 생산했다 해서 붙은 이름이다. 김만중 유배지로 유명하지만 볼락, 농어, 감성돔이 잘 잡혀 낚시꾼들에게 인기 많은 섬이기도 하다.

벽련마을

마을이 연꽃을 닮았다 혹은 마을 앞 노도가 연꽃을 닮았다 해서 연화蓮花라 불렸다가 훗날 벽련碧蓮이라 했다. 혹자는 벽련이 3000년마다 피는 푸른 연꽃, 우담바라를 뜻한다고 보기도 한다. 남해섬 동쪽 해안을 따라 근사한 풍경을 선사하는 국도19호선이 마을 위를 지난다. 마을은 앵강만의 끝자락을 안고 있는데 노도가 바로 코앞이다.

서불과차 이야기를 먼저 하자. 금산 중턱에 서불과차라 새겨진 고대 암각화가 유명하다. 양아리 석각이라고 불린다. 중국 진시황秦始皇 때 불로초를 구하러 떠난 서불徐市이 남해섬 금산에서 한동안 머물며 사냥을 즐기다가 떠나면서 남긴 것이라 한다. 벽련마을 입구에도 비슷한 시대의 암각화가 있다. 도로 주변에 있는데 표지도 없고 그냥 바위만 덜렁 있어 찾기가 쉽지 않다. 바위에는 사람이 새긴 것 같은 문양이 있다. 거북이 등껍질 모양이라고 보는 이도 있다. 서불을

중국 진시황의 불로초를 찾아다닌 서불의 전설이 어린 벽련마을 암각화

연구하는 중국 고고학자 중에는 이 벽련마을 암각화가 서불과차보다 중요한 의미가 있다고 보는 이도 있다. 마을 초입 마을회관 앞에 서 있는 마을 간판에는 암각화가 있는 마을이라고 적혀 있다.

두모마을

옛날에 마을을 지나던 도사가 마을 이름을 '두모荳母'라 하면 잘 살 것이라 해서 두모마을이 되었다고 한다. 마을 모양이 콩처럼 생긴 까 닭이다. 혹은 큰 항아리 같은 바닷가라는 뜻으로 '드므개'로 불렸다 가 '두모'로 바뀌었다고도 한다. '드므'는 궁궐같이 중요한 건물, 네 모퉁이에 불이 나면 급히 가져다 쓰라고 두는 큰 항아리를 말한다. 실제 바래길 초입에서 바라보면 두모마을 앞 모래사장이 큰 항아리처럼 펼쳐져 있기도 하다.

마을 뒤편으로 금산이 우뚝하다. 동쪽으로 솟은 게 상사바위, 서쪽으로 솟은 건 부소대다. 부소대 아래 서불과차 암각화가 있다. 북쪽으로 부소대에서 시작한 계곡, 동쪽으로 천황산 계곡, 서쪽으로 벽련산 계곡이 합쳐져 두모천이 되어 바다로 흘러든다. 두모마을을 지난 2008년 환경부장관지정 자연생태우수마을로 선정될 만큼 친환경 농법으로 유명하다. 시기가 맞으면 쌀농사나 시금치 캐기 등 농사체험, 갯벌 바지락 캐기 등 바다 체험을 할 수 있다. 마을 뒤편으로 대규모 유채꽃 단지가 있는데, 매년 4월이면 두모유채꽃축제가 열린다.

두모마을 전경

소량마을, 대량마을

약 400년 전 경기도 임진강 주변 양아리라는 곳에 살던 사람들이 남해섬으로 옮겨와 정착했다. 이들은 마을을 이루면서 양아리라는 지명을 그대로 사용했다고 한다. 양아리는 후에 여러 마을로 나뉘었는데, 벽련마을, 소량마을, 대량마을 등이다. 노도에서 바라보면 더블유ᵂ 형태 해안선에 포구가 두 개 보이는데 '양아개'라고 부른다. 이 중 작은 양아개는 소량, 큰 것은 대량이라 불리게 됐다.

소량마을은 이름 그대로 작고 소박한 마을이다. 지난 1991년에는 '범죄없는마을'로, 2004년에는 '어촌종합소득마을'로 지정되는 등 옛날부터 이웃 간의 정이 좋고 성실하고 착한 이들이 사는 곳이다. 소

소량마을 포구

량 출신 향우회의 고향 사랑도 대단하다고 한다.

대량마을은 9.3km에 이르는 남해섬 남쪽 해안 절벽이 시작되는 곳이다. 정면으로 바다 한가운데 바로 보이는 섬이 소치섬이다. 마을 앞바다에서는 톳, 미역, 청각 등 해초와 전복, 해삼, 고동, 성게 등 해산물이 많이 난다. 바위투성이 해안선과 소치도에는 볼락과 감성돔이 많이 잡혀 낚시꾼들이 많이 찾는다.

상주마을, 금전마을, 임촌마을

상주해수욕장은 맑고 깨끗한 옥색 바다와 은빛 결 고운 모래사장, 울창한 송림이 어우러진 남해를 대표하는 해수욕장이다. 부채꼴 모양으로 2km에 이르는 해수욕장을 해안으로 금산 아래 넓은 들판에 4개 마을이 모여있다. 이중 해수욕장을 공유하는 마을이 세 곳이다.

해수욕장으로 들어서면서 바래길이 가장 먼저 만나는 곳은 금전마을이다. 옛날에 밭이 많아 금전金田이라 했다. 지금은 펜션이 많이 들어서 있다. 금전마을 뒤편 들판에 있는 상주한려체육공원은 잔디축구장을 여러 개 두고 있는데, 겨울철 축구팀 전지훈련장으로 인기가 있다.

금전마을에서 금전천金田川을 경계로 상주마을이 이어져 있다. 마을이 형성된 모양이 한자 尚상을 닮아 상주라 했다고 한다. 현 상주초등학교 주변으로 옛 상주보성 성곽이 일부 남아있다. 왜구를 막으려고 만든 평지석성이다. 지금은 그냥 담벼락 일부이거나 밭, 담 일

상주해수욕장 모래와 바다, 송림

부어서 자세히 살펴야 찾을 수 있다.

임촌마을은 상주마을과 금양천錦陽川을 경계로 이웃하고 있다. 송림 등 수목이 울창해 임촌林村이라 했다. 원래는 상주마을에 속했는데, 인구가 늘고 관광지로 발전하면서 독립했다. 민박집이 많다.

해수욕장 끝에는 유람선선착장이 있다. 이곳에서 배를 타고 세존도까지 다녀올 수 있다. 세존도까지는 왕복 3시간 거리다. 하지만, 워낙 경치가 빼어나 시간이 아깝지 않다고 한다. 특히 일몰과 일출 장면이 유명하다.

금포마을

금포마을은 마을 앞바다 모래 속에 검은 쇳가루가 많이 섞여 있어 붙여진 이름이다. 쇠 금金과 바다 포浦를 써서 금포다. 순 한글로 '쇳개'다. 마을 주변에 금 광맥이 있었는데, 이것이 마을 이름과 관련이 있다고 보기도 한다. 이전에는 금을 채굴해 연금鍊金까지 했다고 한다. 마을 끝 펜션 주변에 금을 캐던 동굴이 아직 남아 있다. 일제 강점기에는 흑연을 채굴하기도 했는데, 경제성이 없어 폐광되었다고 기록은 전한다.

금포마을은 또 물메기로 유명하다. 바다에서 물메기를 잡아 올리는 통발을 남해에서 처음 만든 곳이다. 물메기는 지금도 마을주민들의 주 소득원이다. 겨울 두 달 동안 물메기를 잡아 일 년 치 생활비를 모두 번다고 한다. 그래서 금포마을은 남해에서도 부촌으로 알려졌다.

금포마을에서 처음 만들었다는 물메기 통발

금산과 보리암

남해 제1경인 금산은 소금강, 남해금강으로 불릴 만큼 절경을 자랑하는 명산이다. 산은 해발 681m로 높다고 할 수 없지만 기암괴석으로 덮여 풍경이 남다르다. 바위 형상을 중심으로 모두 38경이 볼거리로 지정돼 있다. 금산은 애초 신라시대 원효대사가 산속에 보광사를 지으면서 보광산으로 불렸다. 그러다 조선 태조 이성계가 이산에서 백일기도를 한 끝에 조선 왕조를 건국하게 됐다. 이성계는 산신에게 감사하다는 뜻에서 산 전체를 비단으로 두르겠다 약속했고 그래서 비단 금자를 써서 금산錦山이 됐다고 전한다.

금산 운치를 만끽할 수 있는 금산산장

　금산 정상에 조금 못 미치는 곳에 우리나라 3대 기도처 중 하나
인 보리암이 있어 인파가 끊이지 않는다. 보리암에서 정면으로 넓은
들판과 상주해수욕장을 한눈에 볼 수 있다. 보리암에서 조금만 더
가면 유명한 금산산장^{옛 부산여관}이다. 옛 시절 보리암을 찾은 신도들에
게 숙식을 제공하던 곳인데, 지금은 절경을 끼고 막걸리 한 잔의 운
치를 즐길 수 있다.

남해 부촌 금포마을 어민들

바래길 3코스 중 금포마을에서 어슬렁거리다 포구 앞에서 어민 두 분을 만난다. 너른 콘크리트 바닥에 그물을 널어놓고 손질을 하고 있다. 창고 안에 켜둔 카세트 플레이어에서는 성인가요 메들리가 요란하다.

"이 그물로 뭐 잡는기라예?"

"이거는 고기를 직접 잡는 게 아니고 유도 그물! 고기를 유인하는 기라."

"그라믄 배가 끌고 댕기야겠네요."

"아이지. 이건 고정이고. 고기는 앞에 장애물에 부딪히면 무조건 깊은 데로 가는 습성이 있다고. 잡는 그물은 깊은 쪽으로 또 설치를 한다고. 무슨 말인지 알겠지?"

"아아. 유도그물, 잡는 그물이 따로 있구나~."

"노는그물도 따로 있어."

"노는그물은 또 뭡니꺼?"

"운동장."(지금껏 아무 말씀 없으시던 다른 어민이 딱 한마디 거들며 한 말이다. 그러고 그는 다시 말이 없다.)

"운동장처럼 고기들 그 안에서 좀 움직이그로 하는 거."

"아아."

"요즘 고기는 물고기가 똑똑해서 그물코를 세고 다닌다고. 하나

금포마을에서 만난 그물 손질하는 어민

둘 셋 넷."

"진짜요?"

"하하하. 그 정도로 영리하다는 이야기라."

"이 동네 물메기 많이 난다 카던데요."

"그렇지, 그렇지."

"이 그물로 물메기 잡는가요?"

"아니 아니, 물메기는 저거, 저기 통발로!"

"아아."

"타지역은 모르겠고 적어도 남해로 봐서는 이 동네가 최초로 만들었거든. 통발을. 그분이 돌아가셨는데 살아계셨으면 90이 넘으셨을 기라. 그 영감이 새끼줄을 꼬아서 통발을 만들어 봤거든. 그러니까 고기가 잡히더라 이기라. 이 동네 나름의 그런 전통이 있다 보니까, 저 앞에 보이는 배가 전부 물메기 잡는 배라."

"전부 다요?"

"전부다. 정확하게 이야기하면은 두 달 동안 작업하면 경비 빼고 일 년 쓸 돈이 나와. 딱 그것만 하고 안 하지. 고마 농사나 짓고."

"농사도 제법 잘 짓는 것 같던데요. 오다 보니 여기 밭에 마늘이 참 좋던데요."

"마늘도 좋지. 금포마을 하면은 밭마늘이기 때문에 단단하다고."

"마늘이 남해에서 여기 품질이 제일 좋아." (아까 한마디 거들던 그 어민이 이 대목에서 다시 한마디 거들었다.)

"다른 데는 다 논마늘인데 여긴 밭마늘이라."

"이야~ 좋은 동네네요."

"우리 동네니까 내가 자랑 좀 더해야겠다. 겨울이 되면은 일조량이 여기가 제일 많다고. 그리고 여기는 눈이 안 와. 상주에는 와도 여기는 안 와."

"금산 때문에요?"

"그런 면도 있지만, 내가 오지 마라 그랬지!"

"하하하."

유쾌한 대화가 끝나고 우리는 잠시 바다를 같이 바라본다. 성인 가요 메들리는 더욱 신이 나서 쿵쾅거린다.

4코스 섬노래길

천하마을 ~ 미조항 ~ 해안도로 ~ 천하마을
12.4km 4시간 30분

국도 19호선에서 나와 송정솔바람해변 가는 길

남해섬의 남쪽 끝자락에 있는 미조면은 남해 읍면 중에서 가장 작다. 미조리, 송정리 두 개 법정동에 마을이 13개뿐이다. 하지만 이 작은 면이 남해에서 가장 많은 20개 섬을 거느리고 있다. 남해 금산 정상에서 상주해수욕장 왼편으로 옹기종기 모인 섬들이 이들이다. 지도를 보면 미조면에 우뚝 솟은 망산²⁸⁶ᵐ 자락이 바다 쪽으로 두 팔을 벌려 이 섬들을 너른 품으로 불러들이는 모양이다. 호도범섬, 조도새섬, 사도뱀섬, 장도노루섬 등 동물 이름이 붙은 섬들이 있고, 팥섬, 콩섬, 율도밤섬, 애도쑥섬, 미도쌀섬 등 곡식 이름이 붙은 섬들도 있다. 섬의 생김새에 따라 붙인 이름들이다. 20개 섬 중 호도와 조도에만 사람이 산다. 남해바래길 4코스 섬노래길은 아름다운 해안을 따라 이 섬들을 끼고 걷는 길이며, 망상 정상에 올라 섬들을 한번 품어보는 길이다.

미조면 천하마을에서 시작

남해바래길 4코스 섬노래길은 애초 상주해수욕장에서 미조항까지로 계획되어 있었다. 이후 상주해수욕장까지던 3코스 구간이 금포, 천하마을까지 이어지면서 4코스는 천하마을에서 시작하게 됐다. 그리고 망산 정상으로 오르는 구간이 포함되면서 천하마을에서 송정해수욕장, 망산 정상 그리고 미조항을 찍고 다시 설리마을을 지나 천하마을로 돌아오는 순환코스가 완성됐다. 하지만, 망산 정상 구간은 매년 11월 1일에서 다음 해 5월 15일까지 7개월간 입산통제가 되기에 이 기간에는 천하마을에서 바로 송정, 설리해변을 지나는

해안코스를 따라가면 된다. 짧게 걷는다면 송정-설리-미조 코스가
좋겠다.

　4코스 시작지점 표지판은 바래길 안내도에 나오는 천하몽돌해수
욕장이 아니라 19번 국도변에 있는 천하마을 표지석 옆에 있다. 버
스정류장이 근처에 있다. 바로 곁에 시작점 표시가 하나 더 있다. 5
코스 화전별곡길도 이곳 천하마을에서 시작한다. 5코스는 마을 안
으로 이어진다. 4코스는 그대로 19번 국도를 따라 송정해수욕장 방
향으로 향한다. 천하마을 입구는 완만한 내리막에서 완만한 오르막
으로 이어지는 중간 지점이라 차들이 제법 속도를 내니 정신을 바
짝 차리자. 특히 덤프트럭이 지나갈 때면 가슴이 철렁할 정도로 겁
난다.

　도로 너머로 파란 하늘과 그 아래 살짝 보이는 바다가 싱그럽다.
천하마을에서 송정해수욕장까지 1km 남짓한 구간은 계속 이렇게

동해 바다를 보는 듯한 송정해수욕장의 거친 파도

도로를 따라가는 길이니 여차하면 그냥 송정마을에서 시작해도 될 듯하다. 하지만 천하마을에서 시작해 오르막을 오르다 뒤돌아보면 금포마을과 천하마을 해변 전경이 눈에 들어오는데 놓치기엔 아쉬운 부분이다.

오르막을 올라 그대로 언덕을 넘으면 바로 송정해수욕장으로 들어가는 길이다. 도로변 남해학생야영수련원 간판이 보이면 그 앞 건 널목을 건너서 마을로 내려선다. 내리막길 끝에 소나무 숲이 보이는 데 그곳이 학생수련원 입구다. 그 입구 앞까지 가서 오른편으로 방향을 잡는다. 바닥에 있는 화살표를 참고하자. 송정해수욕장번영회에서 만든 '바다로 가는 길' 안내 간판을 따라도 된다. 파란 바닥재가 깔린 길을 따라 쭉 가면 바로 해수욕장이다.

송정해수욕장은 바람이 거칠다. 소나무 송(松)이 들어간 해수욕장 이름답게 해변을 두른 소나무 숲이 일품이다. 소나무 숲으로 불어 들어가는 바람을 같이 맞으며 해변 끝까지 걸어간다. 해변이 꽤 길다. 마지막에 화장실 겸 샤워시설이 나오는데, 그 앞에 바래길 안내 표지판이 있다. 바닥 화살표를 따라 해변을 벗어나자. 조금 걸으면 길이 다시 도로를 만나는데, 여기서 망산 정상으로 가는 길과 그대로 도로를 따라 설리마을로 가는 길이 갈린다. 망산 정상 코스는 도로를 만나면 왼쪽으로, 설리마을은 오른쪽으로 방향을 잡아야 한다.

오른쪽으로 설리마을로 향하는 길을 택해 걷는다. 이 도로는 19번 국도와는 달리 오가는 차량이 별로 없다. 그리고 바래길을 위해 인도가 잘 만들어져 있다. 또 도로 주변과 바닥에 바래길 표지가 많아 길을 잃을 염려도 없다. 가는 길에 정자가 하나 나오는데, 여기서 쉬며 송정해수욕장 주변 경치를 감상해도 좋겠다. 좀 쉬었으면 다시 길을 나서자. 조금만 더 가면 갈림길이 나오는데 오른편으로 새로 난 도로를 따라간다. 조금 오르막인데 꾸역꾸역 걷다 보면 정상 너머 바다가 보이기 시작한다. 내리막길 끝에 리조트가 하나 있는데, 그 너머에 설리마을이 있고, 설리해수욕장도 보인다.

송정해수욕장에서 설리마을로 가는 도로 구간

길은 마을로 바로 들어가지 않고 오른편으로 돌아 근처 등성이를 향한다. 도로를 그대로 따라가면 마을로 내려서는 길 초입에 산길로 들어가라는 표지가 나온다. 도로를 버리고 산길로 가면 바로 급경사 오르막이다. 오르막이 끝나는 지점에 덱 계단이 나오는데 그걸 오르면 등성이 정상이다. 정상에는 콘크리트 팔각정이 있어 주변 경치를 볼 수 있다. 팔각정에서는 미조면 앞바다 여러 섬을 두루 살펴볼 수 있다. 왔던 길을 되돌아 마을로 들어간다. 내리막길 끝에서 해변을 만난다. (2017년 8월 현재 이 등성이에는 대규모 대명리조트 건설 공사가 한창이다. 그래서 바래길 코스가 조금 이상해졌는데, 길이 헷갈린다면 일단 팔각정까지 간 다음 설리마을 해변으로 향한다고 생각하면 된다.)

남망산 정상 올랐다 미조항으로

설리마을과 해수욕장은 한적하고 평화로운 곳이어서 쉬었다 가면 좋다. 해변은 모래가 풍성하지는 않지만 곱고, 파도가 잔잔해 우아한 느낌이다. 해변 주변으로는 방풍림이라기보다 가로수라고 봐야 할 나무들이 이어졌는데, 이 또한 보기에 나쁘지 않다. 조금은 한가한 기분으로 바닷가 가로숫길을 따라 걷는다. 해변 끝에서 오르막이 시작된다. 마을을 빠져나가는 중이다. 설리마을 표지석에 '안녕히 가시다'란 인사를 보고 나서 오른편으로 방향을 잡고 좁은 도로를 따라 걷는다. 여기서부터 미조항까지 2km 정도가 남았다. 이곳 도로는 인도가 따로 없으니 조심하자.

가다 보면 리조트가 하나 나오는데 입구를 끼고 오른편으로 돈다. 그러고 나면 넓은 도로를 만난다. 이 도로는 차량 속도가 빠르니 도롯가로 바짝 붙어 걷자. 도로를 따라 답하마을을 스쳐 지난다. 마을을 지나자마자 다시 팔랑마을로 들어서는 입구가 나오는데 거기로 들어가자. 건너편으로 방파제가 보이는데 그 방파제 안쪽이 남미조항이다. 팔랑마을과 미조면 소재지인 미조마을이 이 항구를 끼고 있다. 길은 마을을 관통해 항구로 향한다. 항구를 만나면 왼쪽으로 방향을 잡고 항구를 따라간다. 거대한 남해군수협제빙냉동공장 건물 앞을 지나면 서서히 남해수협 건물과 위판장이 보인다.

항구를 계속 끼고 돌아 반대편 끝까지 가면 표지판이 산길로 안내하는데, 남망산 정상으로 가는 길이다. 산은 높지 않아서 300m 정도 걸으면 정상에 닿는다. 정상에서는 북미조항의 고즈넉한 모습과 남미조항의 활기찬 모습을 모두 볼 수 있다. 올라온 길과 반대편으로 방향을 잡고 산에서 내려가면 미조마을 중심으로 들어선다. 미조면사무소 근처에 군내버스 정류장이 있으니 버스를 타고 송정, 천하마을 방면으로 가거나 그대로 남해읍까지 갈 수 있다. 면사무소 앞에는 택시도 줄을 서 있으니 참고하자.

만약 송정해수욕장에서 망산 정상으로 가는 길을 택했다면 산길 초입에 바래길 표지판이 있다. 거기서 시멘트 포장길을 따라가면 펜션이 하나 나오는데 그걸 지나면 본격적인 산길이다. 망산 정상 코스는 건장한 사람이 부지런히 걸으면 한 시간 남짓 걸린다. 정상을 지나고 나면 미조우체국 근처에서 미조항으로 빠져나온다. 그리고 남미조항으로 들어선 다음 남망산 정상을 돌아 다시 앞에서 안내한 설리마을 방향 코스를 반대로 걸어 천하마을로 가면 된다.

미조항과 사항·미조마을

미조항은 지난 1971년에 국가어항으로 지정되었다고 하니 일찍부터 꽤 큰 항구였던 것 같다. 2014년 해양수산부 '아름다운 어항'으로 선정되는 등 경치도 꽤 좋다. 그래서 미조항은 '남해 어업전진기지'와 '남해의 미항美港'이란 수식어가 붙는다. 이 매력적인 항구를 끼고 사항마을, 미조마을이 자리 잡고 있다.

미조항은 북항과 남항으로 나뉘는데 그 사이에 사항마을이 있다. 섬과 섬 사이에 모래가 쌓여 섬이 연결되고 육지가 되면서 사람들이

미조항에 있는 남해군수협 미조활어위판장에서 멸치 경매가 진행되고 있다.

살기 시작했다고 한다. 그래서 사항마을은 모래 위에 서 있는 셈이다. 여기에 일부 바다를 메워 땅을 넓혔다. 미조면사무소, 미조우체국 등 관공서가 이 사항마을에 있다. 남항은 남해에서 어선이 가장 많이 드나드는 어항이지 싶다. 남해군수협이 이곳에 있다. 수협 바로 앞에 활어 위판장에서는 매일 수산물 경매가 활발하다. 5월에는 유자망 멸치가 제철이다. 매년 5월이면 보물섬 미조 멸치 축제가 이곳에서 벌어진다. 큰 어항이 있는 까닭에 사항마을에는 작지만 유흥가도 있다. 마을 전체가 마치 오래된 도시 같다.

북항 쪽으로 시선을 돌리면 바다 한가운데 미조섬이 우뚝하다. 미조彌助는 '미륵彌勒이 돕는다'는 뜻인데, 오래전 남해섬의 미륵신앙과 관련이 있는 듯하다. 이렇게 생각하고 다시 보니 미조섬이 마치 미조항의 수호신 같은 느낌이다. 미조섬을 마주 보는 자리에 천연기념물 제29호 미조리 상록수림이 있다. 이 숲은 처음에는 풍수지리에 따라 만들었다고 한다. 하지만, 지금은 층층이 서로 다른 상록 활엽수림으로 가득한 놀라운 숲이 됐다. 얼핏 봐도 주변과 비교해 그 풍성함이 남다르다.

이 숲을 경계로 위쪽이 미조마을이다. 국도 19호선 굽은 도로를 따라 마을로 들어오는 길 초입 언덕에 무민사武愍祠가 있다. 한자를 잘 봐야 하는데 절 사寺가 아니라 사당 사祠다. 무민사는 고려말 명장 최영 장군1316~1388을 모시는 사당이다. 최영 장군의 시호죽은 후 공덕을 기려 붙이는 이름가 '무민'이다. 남해군보호문화재 제1호로 아담하고도 깔끔하게 관리되고 있다. 조선건국을 반대하다 결국 이성계에게 참형을 당한 최영 장군의 사당에서 조선 태조 이성계가 조선건국의 뜻을 세운 곳이 남해 금산이라는 생각에 이르자 기분이 묘했다.

가운데 짙은 숲이 천연기념물 제29호 미조리 상록수림. 풍성함이 남다르다.

미조마을 뒤편 망산 자락에는 조선시대 성곽 흔적이 지금도 남아 있다. 특히 미조초등학교 본관 건물을 정면으로 보면 이순신 장군과 단군 동상이 보이는데 그 뒤로 담벼락처럼 두른 돌들이 성벽 일부로 추정된다. 이를 통해 미조항이 조선시대 군항으로서도 중요했음을 알 수 있다. 유명한 군사전문 블로거 '팬저'의 설명으로는 1592년 임진왜란 당시 여수에서 출발한 이순신 함대가 옥포 대첩을 치르기 전 거쳐 간 곳이 미조진^{현 미조항}이다. 그리고 같은 해 원균과 삼도 수군 연합부대를 결성해 전투를 승리로 이끈 후 함대를 해산한 곳도 미조진이라고 한다. 여기에다 당시 부산 첨사 충정공 한백록 장군이 전함과 병사를 이끌고 미조 앞바다에서 왜군과 싸우다 전사한 곳이기도 하다. 미조초등학교 이순신 동상이 예사로 보이지 않는 이유다.

미조마을은 국도 19호선의 시작지점이다. 마을 입구에 시작지점 표지판이 있다. 국도 19호선은 미조면에서 시작해 남해를 가로질러 빠져나간다. 이후 하동, 구례 등 섬진강을 따라 올라가다가 한반도 중앙 내륙지역을 지나 강원도 홍천까지 이어진 전체길이 454.8km 도로다. 또 미조마을에서 국도 19호선을 따라 5분 정도 가면 초전마을이 나온다. 초전마을은 국도 3호선의 시작점이다. 이 도로는 의미가 남다른 게 대한민국 남쪽 바다 미조면에서 시작해 평안북도 초산군까지 연결되어 있기 때문이다. 그래서 경기도 양주시에서는 이를 평화로라고 부르기도 한다. 미조면에서 시작해 국도 3호선이 철책에 가로막히는 강원도 철원까지 길이가 555.2km에 이른다.

팔랑마을 답하마을, 설리마을

남항에 있는 수협 위판장에서 남쪽으로 방향을 잡고 항구를 따라가다 보면 커다란 남해군수협 제빙냉동공장이 나온다. 여기서 조금만 더 가면 팔랑마을이다. 대부분 양옥 주택이어서 마치 어느 한적한 도시에 있는 마을처럼 깔끔하고 조금은 이국적인 분위기도 풍기는 마을이다. 이 작은 마을이 일제강점기에는 팔랑포[*]라 불렸는데, 우리나라 잠수기어업_{잠수장비를 착용하고 직접 물속에 들어가 수산생물을 잡는 일의} 전진기지였다고 한다. 일본사람이 관련 기업을 운영했는데 멀리 전라도, 강원도까지 나가 일했다고 한다.

깔끔하고 이국적인 분위기의 팔랑마을. 미조항 남항을 끼고 있다.

　팔랑마을에서 해안도로를 따라 고개를 살짝 넘으면 답하마을이다. 답하畓下란 '논 아래'란 뜻이다. 이름과 달리 마을에 논은 얼마 되지 않고 예로부터 주로 어업으로 생계를 유지했다고 한다. 지금도 마을 어항에는 어선이 많이 보인다. 하지만, 고즈넉한 바다 풍경이 좋은 탓에 펜션이 꽤 많이 들어서 있다. 1971년 마을 뒷산에서 주민이 2000년 이상 된 것으로 보이는 마제석검磨製石劍을 발견했는데, 지금

한적한 설리마을 해변과 가로수

도 마을 소개에 이 이야기가 빠지지 않는다.

답하마을에서 바다 건너편으로 보이는 곳이 설리마을이다. 답하마을과 설리마을은 같은 만을 끼고 있다. 설리마을은 날씬한 백사장과 이를 에두른 가로수가 주는 풍경이 산뜻한데, 미조면에 숨은 매력이라고 할만한 작은 마을이다. '설리'에서 '설'은 눈 설雪 자를 쓰는데, 백사장이 눈부시게 희다고 해서 마을 이름을 이렇게 붙였다 한다. 실제로 백사장과 그 주변은 확실히 남다른 구석이 있다. 남해섬에서 한적한 분위기를 즐기고 싶다면 설리해변을 추천한다. 마을 뒤편 등성이에 오르면 전망대가 있어 미조면 섬들을 두루 바라볼 수 있다. 하지만, 지금 이 등성이에 휴양지 공사가 한창이라 이후 풍경이 어떻게 변할지 알 수가 없다.

송정해수욕장과 송남마을, 천하마을

설리마을에서 미송해안도로를 따라 북쪽으로 가다 보면 송정해 수욕장이 나온다. 정식명칭이 '송정솔바람해변'이다. 이름에서 알 수 있듯, 이곳에는 바람이 많이 분다. 그래서 파도가 명품이다. 동해 해 변에 비할 바는 못 되지만, 남해에서 이만큼 파도가 힘찬 곳도 없을 것 같다. 서핑을 즐기는 이들이 찾을 만하다.

1km 긴 백사장을 두른 솔숲도 일품이다. 숲은 200년이 됐다고 하나 아름드리 소나무는 없다. 하지만, 숲에 텐트를 치거나 취사를 하지 못하게 하는 등 관리가 아주 잘 되어 분위기가 썩 괜찮다.

바람이 불면 소나무 아래 무성한 풀이 일제히 반대방향으로 드러

송정솔바람해변 숲

눕는데 이 또한 푸른 바다 못지않게 시원한 풍경이 된다. 해수욕장은 관광숙박단지로 개발된 까닭에 주차나 숙박이 편리하다.

송남마을이 이 해수욕장을 거느리고 있다. 바래길이 지나는 곳도 역시 송남마을이다. 해변 이름이 송정이어서 처음에는 송정마을이 아닌가 했는데 송정마을은 육지 쪽으로 더 들어가 국도 19호선 주변에 있다. 송남마을은 예전에 '망넘이'로 불렸다고 한다. 망산 너머에 있는 곳이란 뜻이다. 실제로 이곳에서 해안도로로 가지 않고 바로 망상 정상으로 가면 그 너머가 곧 미조항이다.

송정솔바람해변 끝자락에서 국도 19호선을 만나 고개를 넘으면

송정솔바람해변은 잘 관리된 솔숲이 일품이다.

천하마을이다. 남해바래길 4코스와 5코스 시작점이다. 마을 입구 버스정류장 주변이 상주면과 미조면 경계다. 마을 앞은 몽돌해변이다. 처음에는 이름이 '천하몽돌해변'이라고 해서 유치한 작명이라고 생각했다. 천하를 천하제일의 그 천하天下라고 여겼기 때문이다. 하지만 마을 표지석에 '내 아래'라고 쓰인 것을 보고 천하川下임을 알았다. '내 아래'라고 불릴 만큼 예로부터 물이 맑고 풍부했다고 한다. 금산에서 뻗어 내린 물줄기가 이곳에서 만나 바다로 들어간다. 지금도 수량이 풍부하다. 일제강점기에는 이곳 수원지가 미조면 식수원이었다고 한다. 도로를 따라가다 오르막 끝에서 내려다보면 마을 지붕들이 오밀조밀 깔끔하다. 잘 다듬어진 마을이다. 몽돌해변도 제법 좋다. 바닷가에 느티나무 숲이 있고 그 냇물이 아래 바다로 들어가기 전 고여 있는데, 그곳의 운치가 더욱 기가 막히다. 한여름 한적한 기분으로 노닐만하다.

바래길 외전

남해대교를 지나 설천해안도로를 따르다

모내기를 마친 왕지마을 무논

하동 노량에서 바라본 남해 노량과 남해대교

　　남해바래길을 4코스까지 걷고 나니 문득 정해진 길을 벗어나고
싶었다. 우연이 주는 풍경이 그리워진 탓이다. 그래서 정한 코스가
설천해안도로다. 하동에서 남해대교를 지나면 보통은 19번 국도를
타고 남해읍 쪽으로 향한다. 이는 지도상으로 설천면을 왼쪽으로 에
도는 길이다. 반대로 설천면 바닷가를 따라 오른쪽으로 에도는 길이
설천해안도로다. 하지만, 해안도로 역시 완전히 바다와 붙어 있지는
않다. 바닷가를 따라 마을과 마을을 연결하는 도로들이 또 있다.
이 길을 따르면 오른편으로는 완만한 경사의 다랭이논이, 왼편으로
는 굽이굽이 갯벌이 펼쳐진다. 남해가 주는 또 다른 풍경이다. 이번
여정은 남해대교를 건너기 직전 하동에서 시작한다.

남해대교와 노량

　하동군 금남면 노량리에서 남해군 설천면 노량리를 본다. 매번 남해섬을 다니면서 한 번은 이렇게 건너다보고 싶었다. 붉은 기둥의 남해대교가 우뚝하다. 다리는 하동 금남면 노량 나루터와 남해 설천면 노량 나루터를 이었다. 두 나루터는 600m 정도 떨어져 있다. 이곳은 조선시대부터 노량으로 불렸다. 노량 앞바다는 물살이 거칠다. 거친 바다에서 이슬방울 같은 작은 배가 다리 노릇을 한다고 이슬 노露, 다리 량梁자를 써 노량이라 했다. 이는 남해섬으로 귀향 왔던 선비들이 지은 것으로 보인다. 빠른 물길을 힘겹게 헤치고 겨우 도착한 남해섬 나루터에서 뒤를 돌아 육지를 바라볼 때 심정을 헤아릴 수 있을 것도 같다.

　남해대교 건설은 남해섬으로선 역사적인 사건이었다. 이 다리로 남해가 처음으로 육지와 직접 연결되었기 때문이다. 남해대교는 일본에서 차관을 들여 지은 것이라 한다. 이승만 정부에서 공보실장지금의 문화체육관광부 장관을 지내고 남해를 지역구로 5선 국회의원을 지낸 금암 최치환 선생이 다리 건설에 큰 역할을 했다고 기록은 전한다.

　남해대교는 1968년 공사를 시작해 1973년 준공했다. 길이는 660m, 6000톤의 하중을 버틸 수 있다고 한다. 당시에는 동양 최초, 최장 현수교여서 관심을 많이 받았다. 설계와 시공을 모두 현대건설에서 했다. 수심이 깊고 물살이 빨라 다리를 놓기가 쉽지는 않았다고 한다. 이 다리가 생기면서 남해 노량과 하동 노량을 연결하던 여객선 금남호가 퇴역한다. 현재 남해군 설천면 덕신마을에서 하동군 금남면 노량리를 잇는 제2남해대교가 건설되고 있다.

남해대교를 지나 노량삼거리에서 그대로 직진하면 19번 국도를 따르고, 좌회전하면 노량마을로 들어간다. 설천해안도로가 시작되는 것이다. 남해군 설천면 노량마을은 남해바래길 13코스 이순신 호국길의 시작점이다. 이순신과 노량마을은 13코스를 걸을 때 자세히 살펴보기로 하자.

자암 김구 적려유허비와 화전별곡

노량마을에서 우연히 자암 김구[1488~1534]를 만났다. 이순신 장군을 모신 충렬사 입구에 서 있는 키 큰 비석에 자암김선생적려유허비自菴金先生謫廬遺墟碑라고 적혀 있었다. 자암 김 선생이 유배 와서 살던 오두막터란 뜻이다. 자암은 조선 중종 시기 대표적인 학자다. 그는 20세에 생원진사과에서 장원 급제하고 26세에 별시에 급제해 중요 관직을 두루 거친다. 특히 중종이 그를 친구처럼 아낀 것으로 기록은 전한다. 하지만, 자암은 기묘사화[1519]로 남해에서 10년간 유배생활을 했다.

자암은 서포 김만중과 함께 남해 유배문학을 대표하는 이다. 그는 남해 유배생활을 하면서도 지역 문인들과 교류하고 학문에 힘썼다. 그가 남해에서 지은 것이 화전별곡花田別曲이란 경기체가다. "산천은 기이하게도 빼어나 유생, 호걸, 준사들이 모여들매 인물들이 번성하느니 아, 하늘의 남쪽 경치 좋고 이름난 곳의 광경, 그 경치 어떠한가." 화전별곡 1장 일부

화전은 자암이 남해를 부르는 별칭이다. 그만큼 그는 남해의 아

노량마을에서 만난 자암김구 적허유허비.
조선 중종 때 학자로 남해에 유배와서 〈화전별곡〉을 지었다.

름다운 풍광을 사랑했다. 남해바래길 5코스 화전별곡길은 바로 자
암 김구의 화전별곡에서 이름을 가져다 쓴 것이다.

비석은 남해에서 보는 다른 비석보다 월등히 컸다. 자료를 보니
높이가 2m, 너비가 90cm다. 비석 뒤편 비문에는 이 비석을 세운 내
력과 자암의 유배 생활을 한자로 적어 놓았다. '아, 이곳은 나의 선
조 자암 선생께서 귀양살이하시던 고을이다. 선생의 6대손인 내가
이 고을에 수령으로 와서 처음으로 선생의 유지를 찾았다. (후략)'
안내판에는 자암의 6대손 김만화가 숙종 때 남해 현령으로 와서 세
웠다고 적혀 있다.

수원늘등대 앞 거칠게 흐르는 노량 바다

노량 앞바다 소용돌이와 수원늘마을

노량에서 바닷가를 따라가다 보면 아담한 등대가 나온다. 지도를 보니 수원늘등대라고 되어 있다. 등대 주변 바위에서 노량 바다를 아주 가까이서 볼 수 있다. 가까운 곳은 마치 계곡 물처럼 흐름이 선명하다. 저 먼 곳은 물살이 거대하게 소용돌이친다. 노량을 건너는 것이 육지를 향하는 유일한 뱃길이었을 텐데, 저 거친 물살이 주는 두려움이 남해섬을 더욱 고립된 섬으로 만들었을 것 같다.

등대에서 시작해 마을까지 해안은 온통 낚시꾼들이다. 낚시꾼들을 지나치면 조그만 방파제가 있는 마을이 나온다. 버스 정류장을 보니 수원늘이라고 적혀있다. 그래서 등대 이름도 수원늘이었던 거다. 자료를 보니 조선 태조 이성계가 남해 금산에서 조선 건국을 기원하는 백일기도를 마치고 이곳 수원늘에서 나룻배를 타고 하동으로 건너갔다고 한다.

마을로 들어서다 보니 주민들이 마을 앞 갯벌에서 무언가를 캐고 있다. 온 동네 주민이 다 나온 듯하다. 한 어르신에게 여쭈니 바지락을 캔다고 한다. 1년에 한 번씩 이맘때면 날을 잡아 마을 사람들이 모두 나와 이렇게 품앗이를 한다고 한다. 물론 자신이 캔 것은 자신이 가져간다고 한다. 이것이 바로 '바래'하는 것이구나 싶다. 정해진 길을 벗어났지만, 여전히 바래길을 걷고 있었던 셈이다.

옛 사람들의 상상력, 대국산성

2주 후 남해 설천해안도로를 다시 찾았다. 지난번 다녀갈 때는 썰물이더니 다시 오니 밀물이다. 많은 것이 물속으로 사라졌다. 그래도 끝내 잠기지 않는 풍경의 끄트머리들이 있어 위안이 된다.

산을 오른다. 사라진 것들 너머 더 큰 풍경을 보기 위해서다. 남해군 설천면에 큰 산은 구두산, 금음산, 대국산이다. 대국산 정상에는 통일신라시대에 지었다는 대국산성이 있다. 큰 도로에서 산정상

부근까지 임도가 나 있다. 거리는 약 2km. 자동차가 갈 수 있지만, 외길이어서 제법 아찔하다. 대국산성 아래 조그만 주차장에 차를 대고 걷는다.

외진 곳이라고 생각했는데 뜻밖에 성은 뚜렷하게 잘 복원되어 있다. 애초에도 보존 상태가 좋아 학술적으로 중요한 자료라고 한다. 지금은 경남도 기념물 19호로 지정되어 있다. 둘레 1.5km, 높이 5~6m, 폭 2.4m, 대국산 정상을 둘러싸고 주변 돌을 가져다가 가지런하게 쌓은 성이다. 성 자체도 장관이지만 무엇보다 성에 깃든 전설이 마음에 든다. 전설은 두 가지다. 먼저 대국산 아래 비란마을에 살던 청이 형제 이야기가 있다. 우애가 좋았던 형제가 한 여인을 사

대국산성에서 바라본 설천면 마을들

랑하게 된다. 둘 중 하나는 포기를 해야 했기에 형제는 내기를 한다. 여인이 두루마리 한 벌을 만드는 동안 형은 30관$^{약 113kg}$ 쇠줄을 메고 20리 길을 다녀오고, 동생은 대국산 정상에 돌성을 쌓기로 한다. 결국, 동생이 내기에 이기고 형은 슬퍼하며 목숨을 끊고 말았다. 당시 마을에 왜구 침입이 잦았는데 동생이 쌓은 성을 이용해 마을을 지킬 수 있었다고 한다. 다른 하나는 천 장군과 일곱 시녀 이야기다. 조선시대 설천면을 지키던 천 장군이 있었는데, 하루는 시녀들과 내기를 했다. 시녀들이 저녁밥을 짓는 동안 성을 쌓아 보이겠다는 거였다. 천 장군이 대국산 정상에서 부채질을 한 번 하자 바닷속에서 바위들이 날아와 순식간에 성이 생겼다고 한다.

전설은 조선 시대를 배경으로 하지만, 내부에서 출토된 유물은 이 성이 최소한 통일신라시대에 지은 것을 알려준다. 그러니 옛사람들은 어떻게 산 정상에 이렇게 튼튼한 성을 쌓았는지 궁금했을 테다. 그리고 성을 쌓은 돌에서 어패류 화석도 더러 발견됐을 것이다. 과학 역사 지식이 없던 그들은 사랑의 기적이나 신통력 같은 상상을 했을 것이고 이것이 그대로 전설이 된 것이 아닐까.

호수 같은 강진만과 매력적인 강진교

다시 설천 바닷가 도로를 따른다. 지난번 마을 주민들이 갯벌에서 바지락을 캐던 수원늘을 지나면 왕지마을이다. 조선 태조 이성계가 남해 금산에서 백일기도를 하고서 조선을 건국했다는 이야기는 잘 알려졌다. 백일기도를 마친 이성계는 지금 설천면 수원늘에서 나

거대하고 잔잔한 호수 같은 강진만

룻배를 타고 바다를 건넜다. 그때 잠시 쉬어 간 곳이 왕지마을이다. 옛날에는 왕제枉嚌라 했다. 이성계가 이곳에서 바다를 보니 마치 호수같이 잔잔하면서도 광채가 나고 기운이 돌아 이곳에 장차 큰 인물이 날 것이라며 감탄했다고 한다. 후에 이성계가 조선 임금이 되었으므로 마을 이름을 왕성할 왕旺, 못 지池라 했다고 기록은 전한다.

왕지마을 앞바다는 강진만이다. 강진만하면 전남 강진군을 떠올리지만 남해 설천, 고현, 창선면 사이 바다도 강진만이다. 북쪽으로는 하동과 사천이 지척이다. 이렇게 육지로 사방이 둘러싸여 강진만은 거대하고 잔잔한 호수 같다. 왕지마을 해변에 서보면 이성계가 본 풍경이 어떤 것이었을지 짐작할 수 있다. 흐리거나 안개가 낀 날이면 바다 한가운데 떠 있는 어선조차 운치가 있다.

지난번 모내기 준비로 한창이던 바닷가 무논물이 괴어 있는 논은 모가

가지런히 심어졌다. 이곳 왕지마을에서부터 설천면 지역 농지가 본격적으로 나타난다. 대부분 산과 바다 사이 경사면을 따라 개간한 완만한 계단식 논이다. 높은 곳에서 보면 바다를 향해 층층이 놓인 무논이 인상적이다.

왕지마을을 지나 작은 언덕길을 내려가면 넓은 갯벌이 나온다. 길은 갯벌을 왼편으로 끼고 가다가 다리를 하나 만난다. 강진교다. 강진교는 바다를 가로지르는 다리가 아니다. 북쪽으로 툭 튀어나온 지형을 따라 엎어놓은 'U'자 형으로 바닷가를 에두른다. 굳이 의식하지 않으면 그것이 다리인 줄도 모른 체 지나갈 수도 있다. 대부분 다리가 '직선의 욕망'을 따라 지어진 것을 생각한다면 강진교는 곡선을 지향한 그 의도만으로 충분히 매력적이다.

조가비 더미와 신비의 바닷길

설천면 바닷가에서는 하얀 조가비 껍질이 가득 쌓인 모습을 자주 만난다. 조가비들은 튼튼한 줄에 단단히 꿰어져 있다. 주민들에게 물으니 굴 양식할 때 쓰는 것이라 한다. 굴 종패^{씨가 되는 굴}를 조가비에 붙여 갯벌 얕은 물에 매달아 조금 키운 다음 깊은 물로 옮긴다. 유달리 갯벌이 많은 설천면 바닷가는 남해섬 대표적인 굴 양식지다. 강진만에 풍부한 플랑크톤은 굴을 양식하기에 좋은 조건이기도 하다. 그래서 바닷가 도로를 지나다 보면 갯벌마다 양식 시설이 가지런히 설치된 것을 볼 수 있다. 설천면 해안가는 조수 차가 제법 커서 밀물 때는 갯벌 바닥이 다 드러나지만 썰물이 되면 제법 높은 양식

에두름의 미학을 보여주는 강진교

시설이 모두 물에 잠긴다. 이렇게 바닷물 속과 밖을 오가며 굴 종패가 단련되는 셈이다.

굴 양식을 많이 하는 곳이 왕지마을 다음에 만나는 동홍마을과 봉우마을이다. 두 마을 모두 이전 문의마을에서 갈라져 나왔다. 문의, 동홍, 봉우마을은 오래전 학문을 하는 이들이 많아 선비 마을로 불렸다. 또 말을 많이 키워 '마판'이라 불리기도 했다고 한다. 지금은 굴 양식으로 제법 소득이 많은 편이다. 마을 해안을 따라 갯벌이 많은 까닭에 바닷가 등성이마다 보여주는 경치가 일색이다. 특히 봉우마을 등성이는 바다 쪽으로 길게 뻗어 있는데 오른편 갯벌과 왼편 바다가 보여주는 풍경이 독특하다.

다음에 만나는 옥동마을과 문항마을은 강진만의 큰 조수차가 만든 기적을 볼 수 있다. 옥동마을 앞에는 아담한 도래섬이 있다. 이 섬은 옛날 삼천포에서 온 스님이 잠시 쉬었다 가며 명당 중의 명당이라 해서 한 가문이 산소를 이곳에 썼다고 한다. 썰물이 되면 마을에서 걸어서 도래섬에 들어갈 수 있다. 도래섬 바로 옆으로는 문항마을에 속한 상장도, 하장도가 보인다. 형제처럼 나란히 붙은 이 섬은 이른바 '모세의 기적'으로 유명하다. 역시 썰물이 되면 마을에서 상장도 사이, 또 상장도에서 하장도 사이에 제법 긴 길이 열리기 때문이다.

13코스 이순신호국길

관음포 이충무공 전몰 유허 ~ 노량마을
7.8km. 2시간.

이순신으로 특화된 13코스지만 바래길 특유의 풍경은 그대로다

13코스 이순신호국길은 남해군 고현면 차면마을 관음포 이충무공 전몰 유허에서 시작해 설천면 노량마을까지 이어진다. 이 바래길은 지난 2012년 남해군이 마련해 놓은 '이순신 호국길'을 그대로 물려받았다. 이순신호국길은 그야말로 이순신에서 시작해 이순신으로 끝나는 길이다. 또한, 거북선에서 시작해 거북선으로 끝나는 길이기도 하다. 역사적으로 보자면 이순신의 '마지막 가는 길'이기도 하다. 이 코스는 거리가 짧고 마을이 몇 개 없기에 길과 마을을 따로 하지 않고 뭉뚱그려 이야기하려 한다.

대자대비의 물결, 관음포

남해군 고현면 차면리 앞바다를 관음포라 부른다. '관음'은 불교

13코스 남해군 고현면 차면마을 등성이를 오르며 뒤돌아 본 관음포

에서 말하는 관음보살觀音菩薩의 그 관음이다. 관음보살은 대자대비로
중생을 구제한다는 불교 성자다. 기록에서는 고려말 왜구를 물리치
는데 큰 공을 세운 정지 장군1347~1391의 '관음포대첩'으로 처음 등장한
다. 그래서 고려시대부터 관음포로 불렸던 것 같다. 이름에서 알 수
있듯 이 지역은 불교과 관련이 깊다. 학자들은 고려시대 위대한 역
사役事, 고려대장경 판각나무에 새기는 일을 관음포 일대에서 했을 것으로
추정한다. 혹시 우리나라 3대 관음 성지 중 하나인 남해 금산 보리
암과도 어떤 관련이 있는지도 모르겠다. 옛 관음포는 뭍으로 깊숙이
들어온 바다였다. 일제강점기 많은 갯벌이 매립되었는데 관음포도
그런 곳 중 하나였다. 적어도 지금 고현면 탑동마을 앞까지는 바다
였을 것으로 생각된다.

7년 전쟁의 끝, 노량해전

이 관음포에서 정유년1598년 11월 18~19일, 조선과 명나라 연합 수군 그리고 일본 수군 사이에 치열한 해상 전투가 벌어졌다. 노량해전이다. 임진년1592년에 시작해 7년간 이어진 임진왜란의 마지막 전투이자 가장 치열한 전투였다. 일본군은 임진왜란을 시작했던 도요토미 히데요시가 죽자 철군을 계획한다. 조선 수군의 총지휘관 이순신은 굳이 돌아가려는 일본군의 퇴로를 막는다. 7년 동안 수많은 백성이 죽거나 가족을 잃었고, 임금은 피난을 갔다. 이순신은 이렇게 조선을 짓밟은 원수들을 단 한 명도 살려 보내기가 싫었다. 노량해전에 앞서 이렇게 기도한다.

"이 원수들을 다 없앤다면, 죽어도 여한이 없겠습니다."

노량 앞바다에서 조명 연합 수군에 막힌 일본 수군은 남쪽 큰 바다를 향해 배를 돌린다. 하지만, 그들이 큰 바다로 생각했던 건 바로 육지로 둘러싸인 관음포였다. 겨울 바다에서 벌어진 전투는 치열했다. 조선 수군은 사력을 다했고, 관음포에 갇혀 궁지에 몰린 일본군은 결사적이었다. 이 와중에 이순신이 유탄을 맞고 쓰러진다. 그의 최후였다.

이충무공 전몰 유허

관음포 바다를 향해 길게 뻗어 나간 등성이를 이락산이라 부른다. 이순신이 유탄에 맞아 숨진 후 뭍으로 옮겨졌다고 추정되는 곳

관음포 이락사 들어가는 길 양편 곧고 높은 소나무는 이순신의 성정을 그대로 닮은 듯하다.

이다. 등성이 초입에 이락사가 있다. 그리고 입구 옆에 유난히 우뚝 솟은 큰 비석에 다음과 같은 한자가 새겨져 있다. 쓰러진 이순신이 유언처럼 남긴 마지막 말이다.

"戰方急 愼勿言我死전투가 한창 급하니, 내가 죽었다는 말을 내지 마라"

이락사는 한자로 '李落祠'라 쓰는데 '이순신이 순국한 것을 기리는 사당' 정도로 보면 되겠다. 이는 1832년 이순신의 8세손 이항권이 통제사로 부임해 유허비와 비각을 세운 후 이름 지은 것이다. 이락사는 아담하고 단정한 사당으로 묵직하고 단단한 느낌이 드는 곳이다. 입구에 키 큰 소나무 대열은 굵고 우직했던 이순신의 성정을 상징하는 듯하다. 현판은 '이락사'와 '대성운해大星隕海, 큰 별이 바다에 떨어지다' 두 개가 있는데, 모두 박정희 전 대통령이 적은 것이라 한다.

이락사 오른편으로는 솔숲 사이로 첨망대瞻望臺로 가는 길이 나 있다. 이는 이락사가 있는 등성이 끝에 있는 망루로 지난 1991년 세웠다. 망루에서는 노량해전이 벌어졌던 관음포 일대를 한눈에 볼 수 있다. 500m 남짓 걸어 첨망대로 가는 길 자체도 호젓하고 깔끔해 좋다. 이락사에 있는 이충무공 유허비와 비각, 이충무공 전적비, 첨망대 등 이락산 일대를 '관음포 이충무공 전물 유허'라 하는데, 국가사적 제232호로 지정돼 있다.

첫 번째 거북선-이순신영상관

이락사와 첨망대까지 보고 돌아 나오면 왼편으로 커다란 배 모양 건물이 보인다. 용머리가 없어 판옥선인가 했는데, 상관이 덮인 모습이 귀선龜船, 즉 거북선이다. 이는 남해군이 지난 2008년 12월 개관한 이순신 영상관이다. 영상관 내부 전시관은 이순신의 삶과 임진왜란 전투를 일목요연하게 정리해 놓았다. 특히 노량해전 상황 중 학익진 장면을 재현한 모형이 인상적이다. 지하로 내려가는 계단 위에 있는 이순신 영정도 눈여겨보자. 현재 이순신 표준영정은 1953년에 장우성 화백이 그린 것으로 조복朝服, 조선시대 문무관이 조정에 나아갈 때 입던 옷을 하고 있다. 하지만, 영상관에 있는 영정은 구군복具軍服, 조선시대 무관이 입던 복장을 하고 있다. 이는 서양화가인 정형모 화백이 1978년 그린 것이라 한다. 당시 정 화백은 이순신 장군의 본관인 덕수 이 씨 50대 남자를 수없이 관찰해 얼굴을 그렸다고 전한다.

이외에도 영상관에 있는 138석 규모 돔형 입체영상관에서는 노량해전 당시 상황을 실감 나게 경험할 수 있다. 평일과 주말 상영시간

용머리 없는 거북선 모양의 이순신영상관

이 정해져 있으니 미리 알아보고 찾아가는 게 좋다. 영상관을 나오면 관음포 방향으로 넓게 데크가 만들어져 있어 바다를 보며 노량해전 당시를 상상해도 좋겠다.

현재 영상관 주변은 이순신순국공원 조성돼 있다. 지난 2011년부터 총사업비 280억 원을 들여 차면리 관음포 일대 8만 7586㎡를 이순신을 테마로 한 공원으로 만든 것이다. 2017년 4월에 공사를 끝내고 개관했다. 공원에는 호국광장, 관음포광장을 포함해 다양한 콘텐츠가 마련돼 있다. 영상관을 둘러보고 나면 본격적으로 바래길 13코스를 걷게 된다. 길은 곧 차면마을 부두에 이른다. 사실 차면마을은 바닷가에서 좀 떨어진 19번 국도 곁에 있다. 바래길은 해안을 따라 이어지기에 아쉽게도 마을을 지날 기회는 없다.

이순신 어록을 따라

이락사와 첨망대가 있는 이락산이 해안으로 길게 뻗어 나간 모습을 왼편으로 끼고 해안 길을 걷는다. 바래길 이전에 이순신호국길이 이미 만들어진 곳이어서 확실히 이정표가 많다. 그리고 초입부터 이순신 어록을 담은 입간판이 줄을 서 있는데, 이 입간판은 13코스 곳곳에서 자주 맞닥뜨리게 된다. 입간판에는 전체 노선도와 현재 위치가 표시되어 있어 이정표 노릇도 하고 있다. 가장 먼저 서 있는 입간판에는 어록이 아니라 이순신의 호국정신을 표현하는 구국희생정신救國犧生精神이란 말이 적혀 있다. 나라를 위해 죽음을 불사하는 그의 희생정신을 담은 말이다. 개인적으로는 비슷한 취지로 이순신의 다음과 같은 글귀를 더 좋아한다.

"대장부가 세상에 나서 쓰이게 되면 온몸을 던져 일할 것이요, 쓰이지 못한다면 들에서 농사짓는 것으로 만족할 것이다."

나라를 위해 목숨을 바치는 일과 열심히 농사를 짓는 일에 비슷한 무게를 담은, 삶에 대한 그의 진지한 태도가 잘 드러난 말이다. 이 역시 13코스 바래길을 따르다 보면 만나게 되는 어록 중 하나다.

바닷가 등성이를 걸으며

길은 곧 등성이로 접어든다. 능선을 따라 밭들이 누워있다. 그 사이로 반듯하게 하얀 시멘트 길이 이어진다. 뒤를 돌아보면 관음포가 한눈에 보인다. 산등성이 밭 너머 바다, 바래길 특유의 풍경은 그대

월곡마을이 끝나고 월곡교를 지나면 시작되는 설천해안도로와 그 초입에서 보이는 하동화력발전소

로다. 바다 건너편으로 하동과 순천이 지척이다. 광양제철과 하동화력발전소가 있는 곳이다. 특히 하동화력발전소의 커다란 굴뚝들은 13코스 내내 눈앞에서 어른거린다. 한동안은 소쩍새가 울어대는 한적한 산길이다. 중간에 도로를 한 번 만나는데 아마도 이전 19번 국도의 일부인 듯하다. 현재 이 주변에서 제2남해대교와 연결되는 19번 국도 확장 공사가 한창인데, 도로를 직선화하면서 이 곡선 부분이 분리되어 버린 것 같다. 이 도로를 만나자 마자 바래길은 능선을 벗어나 바닷가로 내려간다.

아무도 찾아올 것 같지 않은 으슥한 해안이다. 갑자기 수십마리의 개가 나를 향해 짖는다. 해안가에 개 사육장이 있다. 바닷가는 물이 빠져 너른 갯벌이 그대로 드러나 있다. 끄트머리에 살짝 걸친 모래사장을 걸어 건너편 등성이로 가는 길, 문득 만조가 되면 이곳까지 물이 차겠다는 생각이 든다. 제법 물이 깊이 들어오게 생긴 갯벌이어서다. 아니나다를까 등성이 초입에 '만조 주의'란 경고판과 만조가 되면 바닷물이 넘치니 조심하라는 입간판이 서 있다.

아담한 무논이 있는 산길을 오르면 다시 탁 트인 능선길이다. 바람에 무성한 풀이 한쪽으로 펄럭인다. 제법 깊은 편백 숲을 지나고, 솔숲도 지나면 내리막길. 바래길은 월곡마을로 내려선다. 바닷가 작은 마을이지만 논도 있고, 어선도 제법 많다. 주민들이 근면 성실하기로 소문난 마을이란다.

두번째 거북선-감암위판장

월곡마을에서 종착지 충렬사까지는 해안도로를 따른다. 월곡마을을 지나고부터는 노량 앞바다, 남해대교를 보며 걷는 길이다. 건너편으로 하동 노량마을이 보인다. 하천과 바다가 만나는 지점이라 바닷새들이 제법 많이 모여 있다. 아마 물고기가 많이 모여 있어서 일 것이다. 하천 주변 습지와 바다를 가르는 긴 뚝방 같은 시멘트 도로와 그 도로 끝에 일렬로 앉아 있는 새들이 인상적이다. 하천을 가로지르는 다리는 월곡교다. 월곡교를 지나면 해안도로는 아스팔트로 바뀐다. 국도 19호선과 연결되는 1024번 지방도다. 설천면의 아름다운 풍광을 끼고 달리는 설천해안도로가 이곳에서 시작된다. 차량 통행은 적지만 가끔 지나는 차량은 속도가 빠르니 조심해야 한다.

이 도로를 걷다 보면 감암마을이 나온다. 이곳에서 두번째 거북

바래길 13코스에서 두 번째로 만나는 거북선. 남해수협 감암위판장 건물이다.

선을 만난다. 남해군수협 감암위판장이다. 2009년 준공한 이곳은 2
층짜리 콘크리트 건물이지만, 영락없이 거북선 모양을 하고 있다. 거
북선 위판장을 둘러보고 뒤를 돌아섰는데, 길 한 켠에 한글로 적힌
공적비가 있다. 그동안 바래길을 걸으며 한자로 된 공적비는 여럿 보
았지만, 한글로 된 것은 처음이다. 글귀도 운치가 있다. "정덕원의 공
적이 이곳에 살아있다." 비석 뒤에 있는 설명을 보니 정덕원 선생은
어촌 근대화에 힘쓰신 분이라고 한다. 감암마을을 지나면 제2남해
대교 완성된 교량이 압도적인 높이로 우뚝 서 있다. 그리고는 곧 남
해대교다. 길은 남해대교 아래를 지나 노량마을로 이어진다.

이순신이 수호하는 노량마을

　노량마을은 '충무공의 혼'이 지키는 마을이다. 이런 믿음으로 400
년 전부터 이곳에 마을이 형성되었다고 한다. 기록을 보면 일제강점
기 때 전설은 절정에 이른 듯하다. 당시 일본인들은 남해 곳곳에 있
었지만 노량마을에는 살지 않았다고 한다. 남해섬과 육지를 잇는 중
요한 곳이었는데도 그랬다. 이런 이야기도 있다. 노량에도 순사가 머
무르는 주재소가 있었는데, 순사가 오기만 하면 미치거나 병이 들어
곧 돌아갔다고 한다. 그래서 가능하면 일본 형사들은 노량으로 발
령 나는 것을 꺼렸고 발령이 나도 근무 시간에만 머물렀다고 한다.
오랫동안 주민들은 충무공의 영혼이 노량을 지키고 있기 때문이라

남해충렬사 입구

고 믿고 있다. 충무공 혼은 충렬사에서 비롯된다. 충렬사는 관음포 앞에서 전사한 이순신의 시신이 남해를 떠나기 전 임시로 매장된 곳에 세워졌다. 충무공이 떠난 지 30년 후 1628년 남해 사람 김여빈과 고승후가 이 자리에 사당을 세워야 한다고 주장했고, 그로부터 다시 5년 후 초가로 된 1칸 짜리 사당이 세워진다. 당시 남해현령은 충민공비를 세운다. 당시 사람들은 이순신을 충민공忠愍公이라 불렀다. 충무공이란 시호는 이로부터 10년 후에나 받게 된다. 충렬사도 이락사처럼 고즈넉하고 아담하다. 충렬사 주변은 아름드리 벚나무가 둘러싸고 있다. 두려움 탓일까, 일제강점기 일본인들은 충렬사를 없애기보다 벚나무로 둘러싸 버렸다. 봄이면 충렬사 주변이 벚꽃으로 흐드러진다. 생각해보면 아이러니한 장면이겠다.

바래길 13코스에서 세 번째로 만나는 진짜 거북선.
1980년 해군 공창에서 역사기록을 근거로 복원한 것이라 한다.

충렬사 바로 앞바다에는 바래길 13코스에서 만나는 세 번째 거
북선이 있다. 이번에는 진짜 거북선이다. 안내문을 보면 옛 기록을
참고해 1980년 1월 31일 해군 공창에서 복원했고, 원래는 해군사관
학교에 전시하던 것이라고 한다. 이후 1999년 12월 31일 이곳으로
옮겨졌다. 관람료 500원을 내고 내부를 들여다볼 수 있다. 거북선
용머리는 남해대교 교량 방향을 바라보고 있다. 그 아래 노량 앞바
다는 이순신이 떠난 지 400년이 훨씬 지난 지금도 거칠게 살아 흐
르고 있다.

'이순신 전도사' 서재심 씨가 남해 충렬사 앞에서 설명을 하고 있다.

남해 이순신 전도사 서재심

남해바래길 13코스 이순신호국길을 걷던 날, 누군가 그를 꼭 만나야 한다고 당부했다. 하여 다음날 남해군 고현면 관음포에 있는 이순신영상관에서 그를 만났다. 마치 영상관에 있는 모든 자료가 머리에 담긴 듯 질문을 할 틈도 없이 말이 쏟아져 나왔다. 그의 말들은 이순신의 삶에 관한 모든 것을 담고 있었다. 크게 흠모하지 않으면 쉽게 공부하기 어려운 지식이란 생각이 들었다. 자신을 일러 '이순신의 애인'이라 스스럼없이 말하는 남해 사람, 서재심 씨다.

"저는 남해서 태어나서 자랐어요. 고등학교 때까지도 소풍을 이곳 관음포 이락사 주변으로 오고 그랬죠. 그래도 이순신은 잘 몰랐어요. 그냥 교과서에 나오니까 그런 사람이 있나 보다, 하는 정도였어요."

그러다가 그의 운명을 확 바꾼 일이 일어났다.

"36살 때 김훈의 〈칼의 노래〉를 읽었어요. 그 책으로 제 운명이 바뀌죠. 그때 정말 놀랐어요. 이순신이 남해에 이런 흔적을 남겼는데 나는 전혀 모르고 있었구나, 아, 이순신 공부를 해야겠다 결심했어요. 그때부터 이순신 관련 책은 죄다 읽었어요."

서 씨는 이순신 공부를 하면서 지난 2006년부터 남해군 문화관광해설사로 활약하기 시작했다. 공부가 쌓이면서 그를 찾는 이들이 늘었다. 보는 이마다 난중일기를 읽어보라, 그러면 삶이 바뀐다고 설파했다. 그야말로 이순신 전도사가 된 것이다. 그때부터 꿈에 이순신 장군 한번 보여달라고 간절히 기도한 지 15년 만인 지난 2014년 2월, 드디어 꿈에서 이순신 장군을 만났다. 그리고 나자 거짓말처럼 이곳저곳에서 이순신 강의 요청이 들어오기 시작했다.

"저는 주로 이순신 어록을 중심으로 강의를 해요. 태어나서부터 돌아가실 때까지 54년 삶이 바로 성인군자구나, 사서삼경도 좋지만 이순신 어록만으로 충분하지 않을까 싶으니까요."

최근까지 서 씨는 서울을 오가며 명강사 양상 교육을 받았다. 앞

충렬사 내부 충민공비. 이순신이 충무공 시호를 받기 전 불리던 것이라 한다.

으로 이순신 관련 강의를 더욱 알차게 하기 위해서다. 이순신 이외에도 '남해 12경', '운명을 바꾼 만남' 같은 주제로도 강의를 계속할 생각이다. 문화관광해설사 일은 이제 그만두었다. 하지만, 누군가 부탁을 하면 휴일을 이용해 안내를 하기도 한다.

"이순신 장군 이야기잖아요. 듣고 싶다고 하면 언제든 해줘야죠."

7코스 고사리밭길

적량마을 ~ 동대만휴게소
14km 4시간 30분

국도 19호선에서 나와 송정솔바람해변 가는 길

7 고사리밭길

언포 가인
동대만
휴게소 천포
고사리밭
창선방조제
갈대밭 창선면 적량해비치
마을

7월 창선면 고사리밭 풍경이 제대로라고 들었다. 7코스 고사리밭
길은 독특한 풍경이 볼만하다고 익히 알아둔 터다.

남해군은 크게 남해섬과 창선도로 이뤄졌다. 창선도는 그대로 행
정구역상 남해군 창선면이다. 요즈음 창선면은 가인리를 중심으로
고사리 농사를 지어 나름 큰 소득을 내고 있다. 가인리 주변 온 산
이 고사리로 뒤덮인 것 같다. 7코스 고사리밭길은 가인리 고사리밭
을 이리저리 돌아다니는 길이다. 다르게는 창선 일주도로 격인 1024
번 지방도를 따라 거꾸로 된 U자 모양으로 가인리 해안을 도는 길이
기도 하다.

미리 알려두면 7코스는 군데군데 갈림길이 많고 이정표가 넘어져
있는 곳도 있어 길을 잃기 쉽다. 바닥에 있는 노란 화살표 그림과 나
무에 달린 노란 리본을 잘 보는 게 가장 좋은 방법이다. 가게나 식
당이 거의 없고 버스도 드물게 다니니 미리 시간과 거리 계획을 잘
짜서 가야 한다.

창선면 국사봉 중턱을 에둘러

7코스 고사리밭길은 창선면 적량마을 해안에서 시작한다. 7코스 시작점 안내판 앞에 서면, 길은 적량보건진료소가 있는 골목으로 향한다. 골목으로 들어서면 왼편으로 고사리밭길이라고 적힌 벽화가 보인다. 벽화는 산길이 시작될 때까지 이어진다. 조금 가다 보면 오른편으로 공동 우물이 나온다. 우물가에 오래된 작두펌프가 있다. 녹은 좀 슬었지만 지금도 쓸 수 있을 것 같았다. 하지만 동네 어르신들이 못 쓰는 거라 일러준다. 곧 오른편으로 적량보건진료소가 나온다. 그리고는 돌담길이다. 담은 바다에서 가져온 몽돌로 쌓았다.

7코스 고사리밭길 초입 웃자란 고사리와 바다가 어우러진 풍경

천포마을 가는 도로 주변 고사리밭길에 있는 모노레일. 넓은 고사리밭에서 고사리를 운반하는 도구다.

담 위로 텃밭이 소담하다. 길은 그대로 산으로 향한다. 산길은 창선
면에서 가장 오른쪽에 있는 봉우리, 국사봉에서 뻗어 내려온 줄기를
따라 이어진다.

산 중턱까지는 오르막이 이어진다. 아직은 바다가 코앞이다. 산
중턱에 이르니 길이 평평해진다. 커다란 밤나무를 지난다. 문득 주
위를 둘러보니 주위가 온통 고사리밭이다. 바래길은 이 고사리밭 사
이로 난 농로로 이어진다. 곳곳에 농작물 채취금지 경고문이 붙어
있다. 아마도 수확이 한창일 때 많은 이들이 길을 걸으며 고사리를
꺾어 가는 모양이다. 하지만, 수확철이 지난 지금은 고사리밭에 인적
이라고는 없다. 그래서 혼자 걷기에는 좀 으슥하다. 한여름이라 풀

도 제법 길게 자랐다.

천포마을까지 1.7km 남았다는 이정표가 나타나면 임도와 만난다. 이제부터는 길이 제법 넓다. 임도에 문득 스포츠유틸리티 차량 SUV 한 대가 나타난다. 차창을 내린 운전자와 정겨운 인사를 나눈다. "트레킹하십니까?", "네. 바래길 걷고 있습니다", "허허허. 고생하십니다", "네. 안녕히 가세요."

국사봉 중턱을 어느 정도 돌았다 싶으면 갑자기 시야가 탁 트인다. 전망대 노릇을 하는 곳인지 벤치 두 개가 놓여 있다. 발아래 고사리밭 등성이들이 눈에 꽉 찬다. 그 너머로 바다 가운데 보이는 섬이 사천시 '심수도'다. 그 너머로 삼천포 시내가 펼쳐져 있다. 계속 걸으니 임도가 넓어진다. 중간에 시멘트로 포장된 부분도 있다.

큰길을 걸은 지 어느 정도 됐다 싶으니 다시 고사리밭으로 이어진다. 산등성이마다 가득한 고사리는 봐도 봐도 독특한 풍경이다. 녹차 밭과 비슷하기도 하나 또 다른 느낌의 녹색이랄까.

고사리밭 사이로 난 길을 걷다가 바닥에 노란 화살표가 보이고 오른편으로 바래길 7-13 지점을 알리는 이정표가 보이면 그걸 따라 오른쪽으로 접어든다. 그러면 바로 언덕을 내려가는데 바다 건너 삼천포 시내가 정면으로 보인다. 그렇게 고사리 사이로 한참을 내려가니 사거리를 만난다. 그곳에서 왼쪽 길을 택해 걷는다. 천포마을로 향하는 내리막이다. 노란 리본을 잘 확인하자. 곧 아스팔트 도로를 만나는데 그대로 내리막을 따라간다. 정면으로 아담하고 예쁜 단층 주택이 보인다. 주택 앞에서 오른쪽으로 꺾으면 공덕비가 있고, 그 공덕비를 지나면 곧 천포마을 입구다. 하지만, 바래길은 마을로 가지 않고 도로를 따른다.

1024번 지방도를 따라 가인마을과 세심사, 공룡발자국화석을 지난다.

가인마을 공룡발자국화석 해안을 끼고

왼쪽으로 천포마을 버스정류장을 끼고 그대로 직진이다. 길이 잠시 해안에 이른다. 커다란 실내 양식장을 지나면 2차선 도로 오르막이 시작되는데 지도를 보니 1024번 지방도다. 아스팔트 오르막이 끝나는 지점에 바래길 이정표가 나온다. 한동안 지방도를 따라 걷는다. 곧 가인마을이다. 길은 다시 마을 입구를 스쳐 지난다. 그러면 도로 오른편으로 새로 지은 화장실이 나온다. 바닷가에 자리 잡은 사찰 세심사와 가인리 공룡발자국화석이 있는 해안으로 들어가는 입구다. 화장실은 외딴곳에 있지만 시설이 아주 깨끗하고 물도 잘나온다. 들어가면 자동으로 음악도 나온다.

화장실에서 나와 1024번 지방도를 계속 따라 걷는다. 정면으로 보이는 산등성이들이 온통 고사리밭이다. 그러다 만나는 이정표는 그대로 지방도를 따라 고두마을로 향하라고 가리킨다. 하지만, 원래 바래길은 고사리 가득한 그 산등성이 사이로 나 있다. 지금은 이 바래길 입구에 고사리 재배지에 외부인 출입을 통제한다는 문구가 적힌 안내판이 있다. 그 아래 문구를 보면 '다른 구간 내에서도 고사리를 꺾거나 밭에 들어가지 말라'는 내용이다. 그동안 많이 이들이 고사리 밭에서 고사리를 꺾어 문제가 된 모양이다.

지금은 수확철이 지났기에 지방도를 버리고 원래 바래길을 따라가 보기로 한다. 길을 잃지 않을까 불안한 마음이다. 산등성이를 어느 정도 올라 뒤를 돌아보니 눈이 시원하게 푸릇한 장관이 펼쳐진다. 주변 산등성이가 모두 고사리밭이다. 고사리밭의 초록색 바다의 파란색이 묘한 대조를 이룬다. 웃자란 고사리는 허리 정도, 더 큰 것은 가슴까지 컸다. 옛길에서 바래길 이정표를 만난다. 아주 반갑다. 가지 말라는 길에 굳이 들어섰기에 죄스런 마음이 들었었는데, 이정표를 보니 무언가 용서받은 기분이 들기도 한다. 이정표를 오른편으로 끼고 오르막을 오른다. 삼거리에서 다시 이정표를 만나는데 그래도 계속 오르막으로 직진이다. 오르막이 끝나는 지점에서 바래길은 잠시 산길이 되었다가 다시 고사리밭으로 이어진다.

잠시 하늘하늘 언덕에 이르다

식포마을까지 1.3km 남았다는 이정표가 나오면 왼쪽 갈림길로 접어든다. 바닥에 희미한 화살표를 잘 살피자. 물론 그대로 가도 상관없다. 결국에는 1024번 지방도를 만나기 때문이다. 아무튼, 왼편으로 꺾으면 언덕 너머 동대만 바다와 그 너머 창선면 당항리가 보인다. 고사리밭 사이를 지그재그로 가파른 내리막을 걷다 끝에서 바래길 안내판을 만나면 1024번 지방도로 내려선다. 지방도를 만나면 다시 왼쪽으로 방향을 잡는다. 오른편으로 동대만을 바라보며 걷다가 오르막 끝부분에서 S자 커브가 보이면 오른편으로 하얀 시멘트 샛길이 나온다.

여기서부터 잠시 바래길을 벗어난다. 풍경이 남다르다는 바닷가 고사리밭 언덕으로 가기 위해서다. 행정구역으로 식포마을에 속한 이 언덕은 바래길 코스에서 조금 떨어져 있다. 바래길을 개척한 문찬일 씨가 이곳을 발견하고는 '하늘하늘 언덕'이라 이름 지었다. '한가롭게 멋대로 노니는 곳'이란 뜻이다. 7코스 나머지 구간을 포기해도 될 정도로 가볼 만한 가치가 있는 곳이다.

하얀 시멘트 길을 따라 내리막을 걸으면 편백 숲 곁을 지나게 된다. 여름 한낮인데도 어둡다고 느낄 정도로 편백나무가 빽빽하다. 쭉 가다 언덕을 향해 난 왼쪽 길로 들어서면 오르막이 시작되고 그 길을 따라 등성이를 에돌아 가면 하늘하늘 언덕이다. 푸른 바다와 파란 하늘을 배경으로 언덕이 정갈하다. 고사리밭 사이로 한 줄기 길이 언덕을 향해 있어 운치를 더한다. 언덕 위에는 단풍나무 서너 그루가 자라 그늘을 만들고 있다. 이 나무는 외국이 원산지인 조경수다. 그러니까 누군가 이 언덕의 운치를 알아채고 심어놓은 게 아닌가 하는 생각이 든다. 그리고 또 누군가 이 언덕을 알아챈 이가 또 있어, 나무로 된 벤치를 두 개 가져다 놓았다. 벤치는 삼천포 대교 방향을 보고 있다. 벤치에 걸터앉아 있으니 시원한 바람이 온몸을 스친다. 잔잔한 물결이 눈을 간지럽게 하니 더없이 평온하다.

바래길 개척자 문찬일 씨가 '하늘하늘 언덕'이라 이름 붙인 식포마을 근처 고사리밭 등성이.
남은 길을 포기하더라도 가볼만한 곳이다.

동대만 갯벌과 갈대밭을 지나

하늘하늘 언덕까지 오는 것만 해도 꽤 먼 길을 걸었다. 이후 길을 걸을 힘이 없으면 이 언덕에서 바래길을 끝내도 되겠다. 언덕에서 길을 내려오면 바로 식포마을이다.

바래길은 지방도를 따라 그대로 식포마을 입구를 지난다. 곧 동대만 갯벌체험장이다. 해안에서 멀지 않은 곳에 천아도가 보인다. 썰물이 되고 넓은 갯벌이 드러나면 섬으로 가는 길이 열린다. 그대로 지방도를 따라 길을 걷다 이정표를 만나면 오른편 갯벌 쪽으로 방향을 잡자. 창선방조제로 가는 길이다. 벼가 자라는 논 옆으로 난간이 설치된 둑을 지나 조그만 언덕을 하나 넘으면 곧 방조제다. 방조제는 자동차가 넉넉히 다닐 정도로 넓다. 오른쪽은 널따란 갯벌, 왼쪽은 널따란 갈대밭이다. 갈대에 이는 바람 소리가 마치 파도 소리 같다.

첫 번째 방조제를 지나고 두 번째 방조제를 향해 가는 길. 해안을 따라 걷는 길을 만들었지만 풀이 무성해 걷기가 불편하다. 풀 아래 붉은색 게가 숨었다가 발소리에 놀라 몸을 움츠린다. 두 번째 방조제 초입에는 수문이 있는데, 하천이 바다로 흘러드는 지점이다. 방조제를 지난 민물은 갯벌 위에 강 같은 흔적을 남기면서 저 멀리 바닷물이 있는 곳까지 흘러들어 간다. 두 번째 방조제 왼쪽에도 갈대밭이 넓다. 이쪽은 수량이 많아 갈대에 이는 바람 소리보다 갈대에 사는 새나 개구리 같은 것들의 소리가 더 크다. 이후 길은 국도 3호선의 곁으로 난 작은 길을 따라 종착지 동대만 휴게소까지 이어진다.

바래길 7코스는 수확철 고사리를 꺾어 가는 이가 많아
기존 고사리밭을 통과하는 바래길 일부를 통제하고 있다.
지금은 1024번 지방도를 따라 고두마을로 향하게 돼 있다.

창선 고사리밭의 시작

　창선농협에 물어보니 남해군 창선면에서 한 해 생산되는 고사
리는 평균 200톤. 삶아서 말린 것이 그렇다는 말이니 실제 수확량
은 훨씬 많겠다. 전국 고사리 생산량이 한해 700톤 정도인데, 이 중
30%가 남해 창선에서 나니 전국 최대 산지라고 불릴 만하다. 고사
리밭은 창선 임야와 밭 500ha⁵㎢에 걸쳐 있다. 창선면 전체 면적⁵⁴㎢
의 10분의 1이다. 이 고사리밭이 바래길 7코스가 지나는 가인리 마
을 주변에 집중되어 있다. 이 마을들을 지나다 보면 마치 모든 등성
이가 고사리로 덮인 것처럼 보이는 이유다.

여느 시골처럼 창선 주민들도 오래전부터 산에서 저절로 난 고사리를 끊어다 장에 내다 팔곤 했다. 하지만, 이렇게 큰 규모로 '재배'를 하기 시작한 것은 30년 정도 되었다고 한다.

일반적으로 알려진 바로는 고두마을 박주용(85) 어르신이 최초다. 어르신은 원래 단감 과수원을 하고 있었는데, 수확이 그다지 좋지 않았다. 그러다 과수원에 자라는 고사리들이 눈에 들어왔다. 감나무에다 병해충을 없애려 약을 쳤는데, 다른 풀은 다 죽고 고사리만 살아남아 감나무에 준 비료를 먹고 쑥쑥 크고 있었던 것이다. 그걸 끊어다 시장에 내다 파니 꽤 수익이 컸다. 그로부터 어르신은 아예 감나무를 베어버리고 과수원 자리에 고사리를 집중적으로 키우기 시작했다. 지금은 창선면 1300여 농가에서 고사리를 키운다. 그럼에도 대단위 고사리 재배의 시초인 박주용 어르신과 그 가족들이 경작하는 고사리밭이 지금도 창선면에서 크다고 한다. 한편으로는 창선면 등성이들이 계속해 고사리밭으로 거듭나는 것을 걱정하는 분위기도 있다. 고사리밭을 만들면서 우거진 수풀이 사라지고 민둥산이 되면 산사태 등 자연재해가 일어나지 않을까 하는 것이다.

'섬가득 고사리'로 판매

고사리 수확 시기는 3월 하순에서 6월 중순까지다. 이 중에 4월 중순까지 수확한 고사리를 최고로 친다. 이른바 '초물 고사리'라 불리는 것이다. 창선 주민들이 키운 고사리는 창선농협이 모두 수매를 한다. 말린 고사리를 기준으로 2016년 시세는 kg당 4만 2000원이었

6월 중순까지가 수확철이라지만, 이후에도 고사리밭에는 새순이 돋고 있다.

다. 이후로 갈수록 가격은 조금씩 내려간다. 농협 수매가를 기준으로 2016년 한해 창선 주민들이 고사리로 올린 수익은 60억 원 정도다. 시세는 그해 생산량과 소비량에 따라 정해지는데, 2015년에는 kg당 초물이 6만 원 정도로 제법 수익이 많았다. 국산 고사리는 창선 이외에도 합천, 산청, 하동, 구례에서 많이 생산된다고 한다.

창선농협은 고사리를 '해풍 먹고 자란 섬가득 고사리'란 상표로 판매한다. 지난 2007년 산림청으로부터 지리적 표시등록 13호로 지정되어 고사리로서는 처음 원산지 인증을 받았다. 창선 고사리는 맛과 영양이 좋아 주로 학교 급식 재료로 인기가 많다. 창선농협 고사리 판매량 50% 정도가 학교 급식으로 쓰인다고 한다. 수확이 끝난 고사리는 계속 웃자라다가 11월 첫서리가 내리면 '와르르 자빠져' 죽어 버린다고 한다. 그리고 이듬해 봄 그 자빠진 고사리 틈에서 앙증맞은 새순이 돋아나고, 다시 한 번 고사리 농사가 시작되는 것이다.

유서 깊은 적량마을

바래길 7코스가 시작되는 적량마을은 창선면에서도 규모가 크고 역사가 오래다. 원래는 '성내' 마을이라고 불렸다. 마을 앞바다 너머로 보이는 통영 사량도와 수우도 사이에서 떠오른 붉은 일출이 가장 먼저 닿는다고 하여 적량赤梁이라 부른다고 한다.

삼국시대 이전에 생긴 마을이라는 말이 있지만 구체적인 기록은 없다. 다만 한때 도굴꾼들이 마을 내 유적에서 유물을 훔쳐갔고 주민들이 그걸 알고 남은 유물을 진주박물관과 경희대학교 박물관에 보내 보관되고 있다고 한다.

마을은 임진왜란 당시 군사요충지였다. 마을 뒷산인 국사봉에서는 왜적이 침입하면 봉화를 올렸다. 임진왜란 때 쓴 적량성의 성곽이 아직 마을 안에 남아 있다. 당시 군함을 숨겼던 굴항도 마을 앞에 있었다. 삼천포 굴항보다 컸다고 하나, 지금은 매립되고 없다.

국사봉 봉우리에는 국사당이란 당집이 있다. 동네 어르신들은 국시당이라고 부른다. 이 당집에 모신 신을 주민들은 국시당 할아버지라고 하며 마을의 수호신으로 여긴다. 매년 음력 10월 동네 주민들이 모여 제를 지낸다. 예전에는 군대에 갈 때 꼭 국시당 방향을 보고 큰절을 올린 후에 떠났다고 동네 어르신들은 전한다.

1억 년의 흔적, 가인리 공룡 화석지

가인리 공룡발자국 화석은 가인마을 입구 건너편 해안에 있다.

가인마을 입구 건너편 해안에 있는 공룡발자국 화석

시간과 체력이 허락하고 마침 썰물이라면 공룡발자국화석을 구경하고 오자. 세심사 앞을 지나 계단을 통해 낮은 담을 넘어야 한다. 해안에 유독 기이한 무늬 바위가 많으니 그것만으로도 볼거리는 된다. 이 바위들의 근간이 중생대 백악기 퇴적층인 함안층이다. 이곳에서 지금까지 1500여 점 정도의 발자국이 발견됐다. 바위 중에서도 바다로 기울어져 있는 넓이 80㎡, 두께 20cm 정도의 사암이 두드러진다. 이곳에서 용각류·조각류초식, 수각류육식 공룡 4마리가 남기 발자국 화석 50여 개가 발견됐다. 이처럼 초식과 육식공룡, 대형과 중형 공룡 발자국이 동시에 있는 것은 생태연구에 소중한 자료가 된다고 한다. 근처 안내판에 설명을 자세하게 해놓았으니 먼저 살펴보면 좋겠다. 기록을 보면 가인리 공룡발자국 화석은 지난 1998년 가인 마을 출신으로 당시 동명정보대 장우진 학생이 발견해 남해신문에 제보를 했고, 당시 진주교대 서승조 교수팀이 답사를 벌인 결과 1억 1000년 전의 공룡발자국임을 확인했다. 발자국 화석 주변이 지난 2008년 말 천연기념물 제499호로 지정됐다.

바래길 주변 고사리 마을들

바래길 7코스 주변 가인, 고두, 언포, 식포마을은 그야말로 고사리 마을이다. 하루에 버스가 두 번밖에 들어오지 않는 외진 곳이지만, 주민들은 해마다 고사리로 수억 원씩 수익을 올린다.

이 중 언포마을에 내려오는 남근석 이야기가 재밌다. 언포마을에서 바다 건너로 보이는 것이 낙조로 유명한 사천시 실안마을이다. 오래전 봄만 되면 실안마을 처녀들이 바람이 났다. 성적으로 문란해졌다는 말이다. 보다 못한 주민들이 점쟁이에게 물어보니 바다 건너 창선 어느 마을 포구에 남근 바위가 실안마을을 마주 보고 있어 그렇다고 했다. 실안마을 사람들이 바다 건너편을 찾아보니 과연 언포마을 바닷가에 남근처럼 생긴 큰 바위가 있었다. 그래서 달이 없는 어두운 날을 택해 몰래 그 바위 윗부분을 잘라 바다에 빠뜨려버렸

언포마을 등성이에서 바라본 고두마을. 남근바위의 전설이 깃든 곳들이다.

다는 이야기다. 또 이 바위 주변에 살면 부자가 된다는 전설도 있다. 바로 옆 고두마을도 이 바위가 고개를 돌리고 보고 있다고 해서 고두顧頭라고 불렸다고 전해진다. 하지만, 언포와 고두 마을 주변을 두리번거려도 이 바위를 찾지는 못했다.

7코스가 만나는 마지막 마을이 식포다. 걸인들이 마을에 왔다가 포식을 하고 갔대서 식포라고 불렀다고 전해진다. 하지만, 정작 마을 정자에는 맑은 물 식湜자에 물가 포浦로 마을 이름을 적고 있다.

5코스 화전별곡길

미조면 천하마을 ~ 삼동리 물건방조어부림
17km 6시간

봉화마을 당산나무

조선 전기 4대 서예가로 이름을 날린 자암 김구는 남해섬을 화전花田이라 부르며 다음과 같이 읊었다. "산천은 기이하게도 빼어나서 유생, 호걸, 준사들이 모여들매 인물들이 번성하니/ 아, 하늘 남쪽 경치 좋고 이름난 곳의 광경 그 경치 어떠한가."

그가 1519년 기묘사화를 당해 개령경북 김천에 유배당했다가 죄목이 추가돼 남해로 옮겨진다. 그가 남해에서 지은 경기체가 〈화전별곡〉 중 남해 경치를 묘사한 부분이다. 남해바래길 5코스 화전별곡길은 남해섬의 바다, 산, 강, 들을 두루 거치며 자암 김구가 찬미한 남해 경치와 함께하는 구간이다.

97번 임도를 걷다 편백 휴양림으로

화전별곡길은 남해군 미조면 송정리 천하마을에서 시작한다. 시작부터 길은 남해섬 내륙으로 향한다. 금산에서 시작해 천하마을을 지나 바다로 흘러드는 하천을 왼쪽으로 끼고 걷는다. 하얀 시멘트 길을 10분 정도 걷다 보면 곧 상수원 보호구역 표지판이 나온다. 둑방 너머가 천하저수지다. 잔잔한 물결에 비친 초록색 산빛을 보며 한숨을 돌리자. 가끔 불어오는 바람에 땀을 식힐 수도 있다. 저수지를 지나면서 점점 숲이 깊어진다.

바래길 이정표를 만나면 발길을 오른쪽으로 90도 꺾는다. 거기서부터 97번 임도가 시작된다. 왼편으로 금산701m 자락을 끼고 오른편 가마봉450m 능선을 지그재그로 지나는 길이다. 널찍한 길이라 불편은 없으나 산길의 고즈넉함이 부족하다.

홀로 걷자니 발치에 걸리는 자갈 소리가 유독 크게 들린다. 길가
로 편백이 소담하다. 바래길을 따라 굽이굽이 산을 휘돌아다니니 심
심하진 않다. 어느 오르막에서 탁 트인 전망을 만난다. 골짜기를 따
라 아담하게 자리 잡은 천하저수지를 포함해 지금까지 걸어온 길이
한눈에 내려다보인다. 골짜기 끝으로 천하몽돌해변이 있고 바다 건
너 금포마을까지 시선이 가 닿는다.

임도가 계속 이어진다. 문득 눈을 드니 깊은 골짜기 건너로 앞으
로 가야 할 길이 보인다. 묵묵히 수천 보를 걸어야 그곳에 닿을 것이
다. 차라리 발아래 이어지는 길에 집중하는 게 더 낫다. 인도를 걸
은 지 한 시간. 어느 모퉁이를 돌고 나니 팔각정이 나타난다. 한려정
이라 적혀있다. 한려정 입구 한편에 국립남해 편백 자연 휴양림 등
산로 안내도가 서 있다. 지도를 살펴보니 이곳은 편백휴양림 등산로
끝자락에 있는 전망대다.

전망대를 지나 남해편백휴양림 지역으로 들어서다.

정자에 오르니 왈칵 시원한 바람이 불어온다. 올라오면서 한번 뒤돌아봤던 골짜기 풍경과 천하마을이며 바다 건너 금포마을이 더욱 아득해졌다. 이제는 그 너머 아득한 남해 바다가 눈에 들어온다. 눈 시린 풍경이다. 등산화를 벗어 던지고 한시름 쉬어가기로 한다.

팔각정에서부터는 남해편백휴양림 지역이다. 길은 이제 내리막이다. 내리막 끝부분에서 삼거리가 나오면 그대로 직진이다. 조금 더 가면 넓은 공터가 나오는데 산악기상 관측 장비가 서 있다. 이렇게 임도를 30분가량 더 걷고 나니 아스팔트 도로와 휴양림 안 숙소들이 나타난다. 여유가 있으면 일부러 편백 숲 안으로 쑥 들어가 보자. 곳곳에 평상이 놓여 있어 쉬기에도 좋다. 하지만, 팔각정에서 충분히 쉬고 난 터라 그냥 스쳐 지난다. 길은 휴양림을 가로질러 매표

소로 빠져나온다. 곧 내산저수지다. 1997년 1월에 만들어진 꽤 큰 저수지다. 산과 물이 맞닿은 풍광이 독특하다. 자세히 보면 저수지 물빛이 층층이 다르다. 수몰 전 다랭이논의 흔적이다. 오른편으로 저수지를 끼고 걷는다. 나비 생태공원 입구에서 다시 바래길 이정표를 만난다. 이제부터는 제법 넓은 아스팔트 도로다. 지나는 차들 속도가 빠르다. 때로 갓길이 좁으니 조심하자.

농촌 마을을 끼고 걷다 독일마을로

바람흔적미술관 앞 버스정류장을 지나면 곧 저수지 둑이다. 둑에서 바라보면 골짜기를 따라 농지와 마을이 펼쳐져 있다. 여지없는 산골 농촌 마을 풍경이다. 바래길은 아스팔트 도로를 버리고 저수지 바로 아래 동네로 향한다. 20여 가구나 됨직한데 내산마을의 끝자락으로 서당 터라고 불린다. 마을 길은 큰 소나무 두 그루 사이를 지난다. 논 옆 수로의 졸졸졸 물소리가 시원하고 정겹다. 곧 마을 길을 벗어나 농로로 접어든다. 내산저수지에서 시작하는 하천, '화천'을 따르는 길이다. 내산마을은 왼편에 펼쳐져 있다. 들판 너머 풍경은 첩첩산중이다. 섬이 아니라 내륙 산지 어느 시골길을 걷는 듯하다. 한 시간 정도 더 걷다가 길은 다시 아스팔트 도로로 빠진다. 이렇게 내산마을을 빠져나오면서는 도로를 따라 족히 한 시간은 걸어야 하니 마음을 단단히 먹자. 도로 주변 단풍나무 가로수가 꽤 인상적이다. 이곳도 오고 가는 차들이 제법 속력을 내니 조심하자. 봉화마을 초입에서 바래길은 도로를 버리고 오른쪽으로 하천을 향한다.

내산저수지 둑에서 바라본 내산마을 풍경

새로 지은 다리를 건너면 바로 이정표가 나온다. 여기서부터 독일마을까지 1.4km. 계속해서 하천을 왼편으로 끼고 걷는다. 하천 건너편으로 봉화마을 풍경이 정겹다. 곧 다리가 나온다. 화암교다. 그러면 오른쪽으로 오르막을 오른다. 독일마을로 가는 방향이다. 제법 많이 걸어온 탓인지 오르막이 만만치 않다. 원예예술촌 입구를 지나 독일마을 주차장 건너편으로 화장실과 독일 마을 관광안내소가 있다. 관광안내소에서 잠시 쉰다.

독일마을부터는 내리막이다. 천천히 걸으면서 주황색 지붕의 아담한 주택들이 보여주는 이국적인 풍경을 감상하자. 지금은 유명한 관광지가 됐지만 실제로 산업개발시대 독일로 외화를 벌러 떠나 그곳에 정착했던 할아버지, 할머니들이 만년을 보내시는 진짜 마을이다. 그러니 도롯가 작은 집들을 너무 기웃거리지는 말자. 어느 집 열린 현관으로 지팡이가 보인다.

독일마을 입구 주변에는 규모 큰 펜션과 카페 같은 새 건물들이 제법 들어서 있다. 마을을 빠져나오면 도로변에 바래길 이정표가 보인다. 건널목을 건너 바로 마을 길로 들어선다. 여기서부터 물건 방조어부림까지는 1km 남짓. 독일마을과 비교해 지극히 한국적인 돌담과 지붕들을 따라 걷다 보면 곧 물건마을 끝자락이다. 그곳에서 방조어부림을 만난다. 숲은 그늘이 깊다. 그 너머가 곧 바다다. 이 코스만큼 바다가 반가운 때가 있었던가. 방조어부림 앞은 물 맑은 몽돌 해변이다. 아름드리나무들 사이로 덱 길이 만들어져 있다. 숲 속을 걷는 일 자체도 좋지만 푸조나무, 느티나무, 팽나무, 이팝나무 등 나무마다 이름을 표시해 놓아 거니는 재미가 있다. 숲 속에서 피로를 풀며 여정을 마무리한다.

편백숲과 나비 그리고 바람

천하마을에서 시작한 5코스 화전별곡길, 초반 산길을 한 시간 걸
으면 남해편백자연휴양림을 만난다. 지난 1998년 개장한 이 휴양림
은 국가 직속으로 국립자연휴양소에서 관리한다. 227ha 깊은 편백
숲 속에 야영장도 있고, 독채 통나무집도 있고, 건물식 숙소도 있다.
국가가 운영하는 곳이니 숙박비가 아주 싸고 관리도 잘 되고 있다.
특히 성수기에는 예약이 항상 넘친다. 예약은 국립자연휴양소 홈페
이지(www.huyang.go.kr)에 회원 가입 후에 하면 된다. 성수기가
아니라면 바래길 5코스 숙소로 추천한다. 한산한 편백숲을 걸으며
항균, 이뇨 효과가 있고 심폐기능을 강화한다는 '피톤치드'를 맘껏
마시게 될 것이다. 사실 휴양림을 포함한 남해 내산 지역이 거대한
편백숲이기도 하다.

휴양림을 빠져나오면 곧 나비생태공원을 만난다. 지난 2006년 남
해군이 51억 원을 들여 만든 곳이다. 지난 2014년부터 민간에 위탁
운영을 하고 있다. 이후 이름이 나비 & 더 테마파크로 바뀐 듯하다.
개인적으로 가기엔 입장료가 비싼 편이다. 하지만, 아이들이 있다면
가 볼 만하다. 나비 온실과 공룡모형들이 아이들 눈요기로 딱 좋다.

이곳에서 조금만 더 가면 바람흔적미술관 입구가 나온다. 도로
아래로 향한 길을 따라가면 문득 멋진 건물이 나온다. 이곳은 1996
년 설치 미술가 최영호 씨가 바람을 주제로 만든 곳이다. 입구부터

바람흔적미술관 들어가는 길

대형 바람개비들이 내산저수지를 향해 돌고 있어 운치가 색다르다. 건물 자체는 단순한 구조로 별다른 장식 없이도 독특한 느낌이 드는 무료 전시 공간이다. 미술관 안 소품 가게도 구경하고 커피도 한 잔 사서 내산저수지를 바라보며 여유를 부릴 수도 있다. 체력에 여유가 있으면 도로 위쪽에 만들어진 입체 전시관도 가보길 권한다. 오르내리는 길도 좋거니와 전면이 유리로 된 전시관 내부도 둘러볼 만하다.

내산마을의 폐교, 봉화마을의 정자나무

  바람흔적비술관을 지난 바래길은 내산산촌체험마을과 봉화마을로 이어진다. 길이 마을로 들어가지는 않는다. 하지만, 스치듯 보아도 괜찮은 풍경이 몇몇 있다. 내산마을은 남해 금산에서도 깊은 골짜기에 자리 잡고 있어 내산內山이라고 부른다. 산 중턱에 커다란 두꺼비 모양 바위가 마을을 지킨다고 한다. 매년 11월 단풍이 절정일 때 열리는 '내산단풍축제'가 유명하다. 마을로 가는 도로 주변 가로수가 모두 단풍나무다. 특히 내산저수지와 어우러진 단풍이 일품일 듯하다. 바래길이 지나지는 않지만 내산초등학교 건물이 인상적이

봉화마을 당산나무

다. 교실이 다해야 3개 정도로 보이는 이 작은 학교는 지난 1964년 개교해 420명을 졸업시키고 1994년에 폐교됐다. 세월의 흔적과 추억이 묻어나는 낡은 건물이 자꾸만 발길을 멈추게 한다. 폐교 옆 느티나무도 수령이 300년이 넘은 것으로 볼만하다.

내산마을을 지난 바래길은 봉화마을을 바라보며 걷는다. 커다란 느티나무가 마을 입구에 우뚝하다. 마을을 지키는 당산나무다. 봉화마을 사람들은 예로부터 이곳에서 제사를 지냈는데 그 정성이 깊기로 유명했다고 한다. 나무 그늘에 아담한 삼층석탑이 있다. 애초이 삼층석탑은 '남해의 고탑古塔'으로 불리며 주민들이 애지중지하던 문화재였다. 하지만 지난 1982년 12월 그믐, 이 탑을 누군가 가져가 버렸다. 그래서 지금 있는 것은 마을 주민들이 애타는 마음에 새로세운 것이다.

21개의 정원 그리고 아픈 역사의 독일마을

독일마을은 이국적인 풍경으로 이름난 곳이다. 예쁜 펜션도 많고, 멋진 카페도 많다. 그래서 남해 여행객들이 다랭이마을과 함께 빼놓지 않고 이곳을 들른다. 매년 10월 독일마을에서 열리는 독일 맥주 축제에는 전국에서 인파가 몰려든다. 독일마을은 애초 1960~70년대 파독 광부와 간호사들이 고국에서 노년을 보내게 하려고 마련한 곳이다. 당시 독일로 보내진 광부 8000여 명, 간호사 1만 1000여 명은 낯선 땅에서 생활비를 아껴가며 대부분 월급을 한국에 있는 가족들에게 보냈다. 이 돈이 조국 근대화에 크게 이바지했음은

원예예술촌 공동정원

물론이다. 독일에서 오랜 세월을 보내며 많은 이들이 독일인과 결혼하는 등 현지에 뿌리를 내렸다. 그들 중 일부가 고국에서 노년을 보내겠다고 남해 독일마을로 왔다. 2000년대 초반에 남해로 온 정착 1세대들이다. 더러 독일로 돌아가고, 더러 다른 곳으로 이사를 하고 했지만, 지금도 이들 1세대가 독일마을에 살고 있다. 독일마을이 그저 예쁜 관광지만이 아닌 이유가 여기에 있다. 독일마을 주차장 위쪽에 있는 남해파독전시관에서 가면 젊음을 송두리째 독일에서 보낸 광부와 간호사들의 이야기를 자세히 알 수 있다.

원예예술촌은 독일마을 주차장 건너편에 있다. '21개의 개인정원에 여러분을 초대한다'는 홍보문구가 잘 설명하듯 내부는 원예인들에게 분양된 집과 그 집에 딸린 정원들로 구성됐다. 정원마다 주제가 있어 볼거리가 아기자기하다. 개인정원 외에도 공동 정원, 오솔길, 연못, 전망테크, 온실 등도 갖추고 있어 한번은 둘러볼 만하다.

시원하고 깊은 물건방조어부림과 남해요트학교

5코스의 끝에 물건마을이 있다. 마을 이름이 독특한데, 한자로는 물건勿巾이라고 쓴다. 마을 뒷산 만물 물勿자 모양이고, 산으로 둘러싸인 지형 한가운데 하천이 흐르는 모양이 수건 건巾 자를 닮아 물건이라고 했다고 기록은 전한다. 물건마을은 천연기념물 제150호인 물건 방조어부림으로 유명하다. 거센 바닷바람과 해일을 막고자 해안에 심은 나무들을 방조림防潮林이라고 하고, 바닷가에 그늘을 만들어 물고기들의 서식환경을 풍부하게 하려고 심은 나무들을 어부림魚付林이라고 한다. 물건마을 숲은 무려 '방조어부림'이다.

숲은 1600년경에 만들어졌다고 한다. 큰 나무들은 수령이 약 300년이 넘는다. 2000여 그루의 나무들이 몽돌해안을 반달모양으로 감싸고 있다. 내부에 덱 길이 잘 만들어져 있다. 길이가 1.5km 정도라고 하니 한 번 왕복하는데도 제법 시간이 걸린다. 안내판을 보면 숲에서 가장 큰 이팝나무가 당산나무로, 매년 제사를 지낸다고 돼 있다. 동네 어르신들에게 물으니 그 이팝나무는 죽고 지금은 없다고 한다. 어르신들 말로는 숲 규모도 이전보다 많이 줄었다고 한다. 낮에도 하늘이 안 보일 정도로 우거졌는데, 태풍 사라1959와 매미2003 때 나무들이 많이 죽어버렸단다.

방조어부림 끝에 물건마을 어항이 있다. 그 어항의 한쪽에 남해군 요트학교가 있다. 남해군이 지난 2008년 전국 요트 동호인 선수권 대회를 계기로 2009년 만든 것이다. 민간 위탁 방식으로 운영하는데, 대한요트협회 인증을 받은 지도자가 가르치는 전문 요트 교육 기관이다. 이야기를 들어보니 요트를 배우기보다 그저 한 번 타보려는 이들이 많은 듯하다. 그래서 현재 요트학교에서는 10인승 크루저 요트 체험 행사를 운영하고 있다. 1시간 동- 요트를 타고 주변 바다를 둘러보는 코스다. 실제 요트를 배우려는 이들은 매월 마지막 주 토요일에 열리는 교육 프로그램에 참가해보는 것도 좋겠다. 자세한 것은 남해군 요트학교 홈페이지(yacht.namhae.go.kr)나 055-867-2977로 전화해 물으면 된다.

몽돌해변에서 본 남해 물건방조어부림

서당터 마을 서태세 어르신의 지도

8월 중순. 지독하게 더운 오후 내산저수지 바로 아래 마을로 들어섰다. 아담한 마을은 사람 하나 보이지 않고 조용했다. 문득 어느 집 대문간 너머로 의자에 앉아 부채질을 하는 어르신이 보였다. 마을 이름이나 물어보자 싶어 말을 붙였다.

"어르신 안녕하십니껴, 이 동네 이름이 우찌되능가요?"

"뭐할라고 묻소?"

"아아, 바래길 걸으면서 지나가다보이 동네 표시석도 없고 그래서예."

"이리 들어와."

"예?"

"더븐데 그늘에서 얘기해!"

"아 예."

"어디서 왔소?"

"창원에서예."

"우찌 마을을 묻소?"

"제가 천하마을에서 여까지 걸어왔는데예, 이 동네가 내산마을 같긴 한데 생각보다 작아서 긴마민가 하네예."

"여 좀 앉으이소."

"예? 아입니더, 어르신이 계속 앉아계시지예."

남해바래길 5코스 내산저수지 아래 서당터 마을에서 만난서태세 어르신이
직접 지도를 그리며 길을 설명하게 있다.

"아이고마, 앉으이소. 내 잠깐 드갔다 오게."

어르신은 집안을 한참 뒤적이시더니 오래된 달력과 유성 매직펜
을 들고나오신다. 그리고는 달력 뒷면에다 지도를 그리기 시작하신
다.

"자~, 그라믄 휴양림까지 왔는데, 휴양림에서 내려오니 이쪽에 큰
저수지가 있고이."

"예, 예."

"자~, 저수지꺼정 왔다잉. 좀 지내서, 여 우게 마을 하나 있다이.
그기 구암촌."

"아, 구암촌."

"그래서 인제 또 이리 내리온다이. 인자 이 마을에 왔다. 여기는
서당터."

"아아, 요 옛날에 서당이 있었습니꺼?"

"하모. 자 여기가 서당터이. 이래가 또 내려간다이. 내려가몬 이 밑에 또 큰 마을이 있어."

"예, 예."

"여게는 본땀. 어, 본담이라케야되나 본땀이라케야되나…. 에이 뭐, 자 이래갖고 또 내려간다이. 이쪽에 또 부락이 있어. 가만있자, 이게 전에는 건넛담이라 캤는데, 요새 뭐라카는지 생각이 안 나네."

그렇게 달력 윗부분에서 시작한 지도는 밑부분까지 이어진다. 더운 여름 낮 땀을 뻘뻘 흘리시며 열심히 그림을 그리며 설명하는 어르신에게 차마 길을 알고 있다는 소리는 하지 못하고 그저 '예, 예' 하고 만다. 그렇게 어르신이 그린 지도가 완성됐다. 내산리 서당터 마을 올해 77세 되셨다는 서태세 어르신이 그린 지도는 그 어느 바래길 지도보다 멋지다.

독일마을 김우자 할머니

남해바래길 5코스 화전별곡길을 걸으면서 독일마을에 있는 어느 게스트하우스를 숙소로 정했다. 그리고 오랜만에 김우자(77) 할머니를 찾아갔다. 파독 간호사였던 할머니는 독일마을 정착 1세대 중 한 분이다. 어쩌다 보니 인연이 닿아 드문드문 안부를 여쭈고 있다. 이번에는 연락도 없이 지나는 길에 집에 문이 열려 있기에 불쑥 찾아간 터라 송구한 마음이 들었다. 다행히 할머니께서 반갑게 맞아주셨다. 예전보다 기력이 좀 떨어지신 것 같았는데, 또랑또랑한 말투와 위트는 여전하셨다. 남해 어느 마을에 금을 캐던 동굴이 있는데, 자

독일마을 김우자 할머니와 대학생들이 즐겁게 이야기를 나누고 있다.

신은 힘이 없어 못 가니 데리고 가서 같이 한몫 잡지 않겠느냐고 너
스레를 떠셨다. 할머니와 나누는 대화는 꽤 유쾌해서 바래길을 걸은
피로가 다 가시는 듯했다.

　다음날 할머니께 여쭌 후에 게스트하우스에 같이 묵었던 대학생
4명을 데려갔다. 전라도, 경기도 등 전국에서 온 남해로 여행을 온
친구들이었다. 이왕 독일마을에 왔으니 예쁜 경치도 좋지만, 실세 파
독 간호사를 만나보는 것도 의미가 있다 싶었다. 다들 환호성을 지
르며 따라나섰다.

　대학생 중에는 실제 간호학과에 다니는 친구도 있었다. 파독 간
호사와 독일마을 이야기를 수업 때 들은 적이 있다고 했다. 이렇게

실제로 만나게 될 줄을 몰랐다며 신기해했다. 할머니는 대학생들이 사는 곳이나 대학에서 무엇을 공부하고 있는지 등을 일일이 물으셨다. 그리고 한 명 한 명 눈을 마주치며 정다운 말들을 주고받으셨다. 그 연세에 기억력이 대단하셨다. 어느새 이름과 사는 곳을 다 외우고 계셨다.

실컷 즐거운 이야기를 나누고 떠날 적에 대학생들이 '할머니 고맙습니다' 하고 인사를 하고 나서자 할머니께서 한 마디 하셨다.

"할머니라고 부르지 마. 여기 누가 할머니야? 호호호."

6코스 말발굽길

삼동면 지족마을 ~ 창선면 적량마을
15km 5시간

추섬마을에서 육지로 이어진 방파제

6코스 말발굽 길은 남해 창선교에서 시작한다. 남해섬을 구성하는 두 큰 섬, 창선도와 남해도를 잇는 다리다. 다리 아래는 지족해협이다. 다르게는 '손도해협'으로 불린다. 섬 사이에 있는 좁은 바다라는 뜻이다. 경상도 말로 좁다는 뜻인 '솔다'에서 나온 말이다. 좁은 물길이어서 물살이 빠르다. 예로부터 이곳은 빠른 물살을 이용해 고기를 잡는 죽방렴竹防簾이 유명하다. V자 형으로 나무 말뚝을 박고 그물을 걸어 고기를 가둬 잡는 도구다. 창선교에 서면 다리 좌우로 바다 위로 죽방렴이 듬성듬성 늘어서 독특한 풍경을 이룬다. 6코스의 끝인 적량마을은 고려 시대 군마軍馬를 키우던 곳이다. '말발굽길'이란 이름은 여기에서 비롯했다. 적량마을에는 버스가 오전 9시 30분즈음, 오후 4시 40분 즈음 두 번뿐이니 버스로 이동할 계획이라면 여유 있게 움직여야겠다.

창선교와 죽방렴

삼동면 하나로마트 주차장 끄트머리에 조그만 바래길 표지판이 있다. 이곳에서부터 시작해 창선교를 건넌다. 다리 왼편으로 가면 죽방렴을 포함해 지족해협의 아기자기한 풍경을 볼 수 있다. 다리 오른편 길로 가면 아주 가까이서 죽방렴을 볼 수 있다. 다리를 지나자마자 바로 오른쪽 내리막이다. 이곳에 정식으로 6코스 시작점 안내판이 있다. 하지만 굳이 창선교를 건너서 오라고 권하고 싶다. 다리 위에서 본 죽방렴 풍경을 그냥 생략하기엔 아쉬운 까닭이다. 내리막은 지족해협 바닷가로 이어진다. 몇몇 횟집과 펜션이 들어선 조그만 마을이 있다. 이 구간은 짧지만 뜻밖에 조용하고 고즈넉한 맛이 있다. 마을을 지나면 창선교에서 바로 이어지는 도로를 만난다.

삼천포대교를 지나 남해읍으로 가는 길목이라 차가 많고 속도도 빠르니 조심하자.

버스정류장이 나오면 바로 당저2리 마을 입구다. 바래길은 마을로 들어간다. 마을 길을 지나고 나면 큰 호수 같은 곳이 나온다. 코앞에 있는 추섬과 마을을 방파제로 이어 만든 곳이다. 원래 새우 양식장을 했었다는데 지금은 그저 빈 곳으로 남아있다. 하지만 방파제와 양식장 그리고 그 너머 바다까지 층층이 보이는 경치가 제법 좋다. 오른편 마을 어항은 추섬과 방파제에 둘러싸여 잔잔하고 조용하다.

추섬을 지나 방파제로

추섬은 남북으로 길게 뻗은 섬이다. 지난 2003년 공원이 만들어져 지금은 '추섬공원'이다. 섬으로 가는 길은 자동차가 다닐 정도로 넓다. 바래길은 추섬을 한 바퀴 돌고 다른 방파제로 이어진다. 파도 소리도 없이 고요한 방파제다. 방파제를 지날 때 오른쪽으로 보이는 섬이 구도다. 방파제 끝에서 도로를 만난다.

바래길 표지판은 오른쪽을 가리킨다. 구도를 오른편으로 끼고 걷는다. 곧 부윤2리마을 안내석이 나온다. 조금 걷자니 왼쪽으로 말들이 보인다. 남해승마장이다. 승마장을 끼고 길은 왼쪽으로 90도 꺾여 논길로 이어진다. 잠시 후 두 갈래 길이 나오는데 바래길 표지판이 있는 오른쪽으로 방향을 잡는다. 시멘트로 포장이 되어 있지만 으슥하고 깊은 숲길이다. 숲을 빠져나오면 부윤2리마을 뒤편이다.

마을 정자나무나 지붕들 너머 마을 항구를 바라보며 잠시 걷는다. 길은 다시 왼편 숲 속으로 이어진다. 보현사로 가는 길이다. 길 주변으로 밭들이 이어지다가 곧 소 축사가 나온다. 축사 입구에 잠자던 개가 인기척에 놀라 잠 덜 깬 소리로 짖는다.

산길이 계속된다. 갈림길마다 바래길 표지판이 있어 길을 잃을 염려는 없다. 드문드문 오른편으로 전망이 트일 때마다 바다가 보인다. 보현사는 기와집 두 채로 된 작은 절이다. 대웅전 앞에 서면 창선 바닷가와 바다 건너 삼천포화력발전소가 보인다. 대웅전 아래 앉아 잠시 쉬어간다. 보현사를 지나고부터는 대체로 내리막이라 걷기가 한결 수월하다. 내리막길 끝에서 도로를 만나면 바래길 안내 화살표를 따라 왼쪽으로 방향을 잡는다. 갓길이 좁으니 조심하자. 곧 오른편으로 전망이 탁 트인다. 장포마을과 그 앞 장포항이 보인다. 장포항 너머 바다 건너로 보이는 곳이 고성이다.

추섬공원으로 이어진 방파제

바래길 마을 고샅고샅

지족 마을들

6코스 말발굽길이 시작하는 지족해협은 남해군 삼동면 지족마을과 창선면 지족마을 사이에 있는 바다를 일컫는다. 두 마을은 원래 창선도과 남해도를 잇는 나루터였다. 지난 1980년 6월 5일 창선교가 완공되어 서로 이어졌다. 지금 창선교는 지난 1992년 기존 다리가 무너져 1995년 다시 지은 것이라 한다.

재밌는 건 같은 지족이란 이름을 쓰지만 한자가 다르다는 사실이다. 창선면 지족마을은 나루가 있던 마을이고 샘이 좋다란 뜻에서 '새미나루'라고 불렸다. 이후 '세민날'로 이르다가 언제부터인지 지족只族으로 불리고 있다고 한다.

이에 비교해 삼동면 지족마을은 지족知足이라고 쓴다. 옛날 남해섬 사람들이 창선으로 갈 때 '발足이 멈춰져서 건너게 되는 것을 알았다知'해서 붙여진 이름이다. 창선은 옛날 진주에 속했으니 고향을 벗어나는 아쉬움을 표현한 말이겠다. 다른 해석으로는 죽방렴과 지족해협 주변에서는 나는 해산물이 풍부해 굳이 먼 바다로 나가지 않아도 충분히 살아갈 수 있으니 '족함足을 안다知'는 뜻이라고도 한다. 또는 자기 분수를 알면 잘살고, 과욕이나 허욕을 부리면 가난한 마을이 될 것이라는 가르침을 담아 지족知足이라고 했다는 기록도 있다.

삼동면 지족마을은 예로부터 큰 고을이었다. 지금도 지족1리, 2리, 3리 세 개 마을로 이뤄져 있다. 현재 제일 번화한 곳은 삼동면사

창선교 아래 죽방렴과 그 너머로 보이는 삼동면 지족3리마을

무소가 있는 지족3리 마을이다. 창선교와 가장 가까운 곳이고 창선 쪽에서 남해로 넘어오는 길목이어서 대형상점과 숙박시설들이 들어서 있다. 삼동파출소와 남수중학교를 잇는 마을 도로를 걸으면 양쪽으로 낮은 식당 건물들이 늘어서서 마치 영화세트장에 온 것 같은 기분이다. 이곳은 오래전 '원님등'이라고 불렸다고 한다. 남해 현령이나 목관들이 창선으로 가는 나룻배가 오길 기다리며 쉬던 곳이라는 뜻이다.

지족2리는 세 마을 중 제일 해안에서 멀다. 가장 먼저 생긴 마을이어서 본마을이라고도 부른다. 마을은 400년 이상 되었다고 하는데 옛 이름은 '화두花斗'였다. 남해섬 전체를 연꽃 모양으로 보면 지족2리가 꽃술 자리라서 꽃의 머리라는 뜻으로 그렇게 불렸다고 기록은 전한다.

죽방렴

지족1리마을은 삼동면 지족마을 중 왼쪽 끝머리에 있다. 200여년 전 너무개라는 곳에 기와궁이 있어 기와고개란 뜻으로 와현瓦峴라고도 불린다. 마을 앞에는 조그마한 농가섬弄歌島이 있다. 옛날에 추수를 끝낸 주민들이 썰물이 되어 드러난 갯벌을 통해 건너가 놀았던 곳이다. 그 앞으로 보이는 섬이 장고섬長鼓島이다. 말 그대로 장구 모양을 하고 있다. 마을회관 남쪽 언덕이 꽃밭을 이루기에 화전등花田嶝이라 부르기도 하고, 마을 해안이 둥근 반달 모양이라 해서 '달반월' 혹은 '달반늘'이라 부르기도 했다고 한다. 현재 마을 해안에 달반늘이란 식당이 있다.

남해군 삼동면 지족1리마을 앞 농가섬과 연결된 다리 위에서 본 죽방렴.
어민이 그물을 건져올려 물고기를 꺼내고 있다.

지금은 농가섬으로 들어가는 다리가 놓여 있는데, 이곳은 죽방렴 竹防簾을 관찰하는 시설이기도 하다. 죽방렴은 순우리말로 '대나무 어사리'라고 한다. 어사리는 그물을 쳐서 한꺼번에 많은 고기를 잡는 것을 이른다. 남해섬 뿐만 아니라 조수간만의 차가 큰 곳에서 두루 행하던 어로 방식이다. 하지만, 남해 지족해협에 있는 죽방렴이 기록상 역사가 500년이 넘어 가장 오래고 지금도 잘 보존되고 있어 가치가 크다. 지난 2010년 남해 죽방렴을 포함한 경관이 국가지정 명승 71호로 등록됐다. 농가섬으로 이어진 다리 위에 서면 바닷물이 세차게 흐르는 소리가 들린다. 보통 죽방멸치라고 해서 멸치가 유명하지만, 죽방렴에서는 갈치, 학공치, 장어, 도다리, 농어, 보리새우 등 다양한 어종이 잡힌다. 물론 그중 멸치가 가장 많다. 고기잡이는 3월에서 12월까지 이뤄진다고 한다.

죽방렴의 또 다른 묘미는 창선교에서 바라보는 일몰이다. 해가 질 무렵 창선교에 서면 황금빛 바다와 죽방렴의 검은 그림자가 어우러져 아무 데서나 볼 수 없는 독특한 풍경이 펼쳐진다.

창선교를 지난 바래길 6코스가 두 번째로 만나는 마을이 당저2리다. 당저堂底라는 이름은 창선면에서 제를 올리던 당집이 있던 산 아래 마을이라는 뜻이다. 본래 당저마을은 지금 당저1리다. 당저2리는 해창마을로 불렸다. 해창海倉은 해안에 있는 창고란 뜻이다. 고려 시대부터 이곳 창고에 나라에 바치는 조세와 곡물, 특히 문어, 미역, 해삼 등을 모았다가 바닷길로 서울까지 옮겼다고 한다. 서해안, 인천, 한강을 거쳐 노량진에 이르는 먼 여정이었다. 가는 길에 폭풍을 만나면 배가 침몰하기도 했다고 한다. 그래서 바다신에게 제를 올리던 곳이 바로 창선면의 당집이다.

당저2리를 지나면 부윤2리마을이다. 마을 앞에 섬이 하나 가로로 길게 누워 있다. 그 모양이 거북이처럼 생겨서 구도龜島라고 부른다. 마을 이름도 구도마을이다. 조선 시대에는 마을과 구도 사이에 다리가 있었다고 기록은 전한다.

사우스케이프(SOUTH CAPE)

바래길 6코스에서 이곳을 빼고 갈 수는 없다. 창선면 오른쪽 끄트머리를 온통 차지한 골프리조트 시설 '사우스케이프오너스클럽'이다. 지난 2013년 11월에 문을 연 곳이다. 배우 배용준·박수진 부부가 신혼 첫날을 보내 유명해졌고, 이후 송승헌·유역비 커플이 다녀가 다시 주목을 받았다.

바래길이 직접 이곳을 지나지는 않는다. 바로 곁을 지나지만 내부가 잘 보이지도 않는다. 하지만, 바래길 안내판에는 주변 볼거리로 적혀 있다. 물론 이곳은 아무렇게나 들어갈 수 있는 곳이 아니다. 18홀 규모에 국내 최고로 인정받는 퍼블릭 골프장과 클럽하우스, 7성급 스위트 호텔, 클리프하우스로 불리는 절벽 위 빌라 등으로 이루어진 고급 휴양시설이다. 가격도 만만치 않다. 2016년 기준, 스위트룸 숙박은 2인 기준으로 최저가라도 1박 50만 원 이상, 빌라는 6인 기준 1000만 원이다. 골프장 코스 사용료그린피 역시 국내에서 제일 비싼 것으로 알려졌다.

시설은 탄성을 자아낼 만큼 잘 꾸며져 있다. 일반적으로 골프클럽으로 알려졌지만 이곳의 정식명칭은 'South Cape Spa&Suite'다.

남해군 창선면 사우스케이프오너스클럽의 랜드마크인 클럽하우스에서 바라본 남해섬과 바다

그러니까 스파와 숙박을 아주 중요하게 생각하고 있는 곳이다. 궁극의 힐링Ultimate Healing이란 모토에 걸맞게 최고의 쉼을 선사하겠다는게 사우스케이프의 취지다. 이곳은 명품 여성 패션기업 한섬의 창업자 정재봉 회장이 한섬 기업 자체를 팔고 그 돈으로 남해 창선면에세운 것이다. 명품 골프리조트를 지향하며 클럽하우스 설계에만 2년6개월이 걸렸다. 멕시코에서 직접 미장공을 불러 시공했다는 클럽하우스는 그 독특한 모양으로 바다와 어우러졌다. 이 휴양시설 내부로숙박객을 위한 트레킹 코스가 나 있는데, 완주하는데 4~5시간 정도걸린다. 그만큼 부지가 크다. 아직도 남은 부지가 꽤 있고 지금도 계속해 시설을 짓고 있다.

장포항 어르신

"어디서 왔노?"

지나가는데 길가 그늘에 앉았던 어르신 한 분이 대뜸 말을 붙이신다. 주변에 큰 나무 그늘이 없지 않은데, 굳이 그 자리에 앉으신 걸 보니 아마도 평소 자주 앉으시는 자리인가 보다.

"창원에서예."

"아, 창원."

"여 항이 억수로 크네요."

"하, 여 구경하러 많이 온다."

"구경을 하러 온다고예?"

"사람들이 차 타고 여 구경하러 많이 와. 옆에 골프장이 있어나 논게 거도 보도, 여도 보러 온다."

"요 배는 와 이리 많이 있습니꺼?"

"사업을 한께 안 그라나."

"아아, 양식하는 배들인가베예."

"하."

"뭐를 양식합니꺼?"

"홍합, 꿀^굴."

지나가던 아낙이 어르신을 보고 반가운 인사를 한다. 그러고는 잠시 말이 끊어진다. 어르신은 무릎이 아픈 듯 자주 무릎을 쓰다듬

남해 장포마을 어르신

으신다. 그러고는 작은 어선 하나가 정박한 배들 사이를 지나 큰 바다로 나가는 모습을 가만히 지켜보신다. 그러다 문득 다시 말씀을 이어가신다.

"오드로, 차 타고 왔나?"

"저 저, 오데고, 적량에 차 두고 지족에서 걸어왔으예."

"걸어왔다꼬? 아이고…. 가서 어여 점심 무라."

"예, 빵 쪼가리 하나 사가, 오다가 무십더."

"아이고…, 차를 가 와서 구경을 해야 서언치."

"아입니더, 걸어야지예. 어르신은 이 동네 오래 사셨습니꺼?"

"하, 할아버지 때부터 살았제."

"할아버지 때부터예? 우와~. 옛날에도 배가 이리 많았습니꺼"

"이리 많지는 않아도 사람은 많이 살았지. 인자 배가 많이 줄어진다. 고기가 많이 안 나니께."

"아…, 예. 어르신 앉은 자리는 시원하고 좋네예."

"하, 살살 걸어가라 인자."

어르신은 그렇게 평생 살아온 해변을 따라 마을로 들어가신다. 느리고 힘없는 걸음이다.

남해 사우스케이프오너스클럽 직원

"사실 일반인들은 오시기가 조금 힘들죠."

독특한 디자인의 클럽하우스를 보며 우와, 우와 하고 속으로 탄성을 지르고 있을 때 그가 말했다. 부드러운 말투와 몸에 밴 친절한 태도는 명품 골프리조트의 직원다웠다. 남해 창선면 사우스케이프 오너스 클럽Southcape Owner's Club을 둘러보자고 마음을 먹었을 때 가장 먼저 연락이 닿은 이였다.

부지면적 193만 2000m²⁵⁸만 5000평, 사업비 4000억 원, 1일 최고 숙박비 1000만 원, 성수기 그린피골프장 1회 이용료 39만 원. 이 호화 골프리조트에 근무하는 이들은 클럽 근처에 마련된 숙소에서 지낸다. 이 숙소 앞을 바래길이 지난다. 숙소 건물은 깔끔하고 현대적이다. 하지만, 주거공간이 모두 비슷하게 생긴 데다가 주변에 편의시설이 없어 평소에는 아주 심심하다고 한다.

그가 처음 안내한 곳은 16번 홀이다. 절벽 위에서 바다 건너로 골프공을 날려야 하는 곳이다. "아마 세계적으로도 이런 멋진 그린은 잘 없을 겁니다." 보통 골프장에서 그늘집으로 불리는 '티 하우스'도

남해 사우스케이프오너스클럽 골프장 내 티하우스 지붕.
끝에 서면 타이타닉의 한 장면을 연출할 수 있다.

살펴봤다. 바다를 향해 뾰족하게 튀어나온 지붕이 인상적이었다. "지붕을 타이타닉을 생각하며 만들었다고 합니다." 마지막으로 둘러본 클럽하우스는 사우스케이프의 상징적인 건물이다. 두 건물을 연결한 지붕 가운데가 뻥 뚫려있어 하늘이 보인다. 그 구멍 바로 아래 물이 얇게 흐르는 공간을 마련해 하늘이 비치도록 했다. "밤에는 물 위로 달이 비치는데, 정말 멋집니다."

안내를 하는 동안에도 그에게는 끊임없이 전화가 걸려왔다. "네네, 좀 있다 연락드릴게요." 미안한 마음에 혼자 사진만 몇 장 떠 찍고 갈 테니 이제 일을 보시라고 했다. "아닙니다. 덕분에 저도 좀 여유를 부려보네요."

취재를 마치고 돌아 나오면서, 그는 잘 부탁한다는 말은 하지 않았다. 다만, 소중한 시간 내주서서 고맙다고만 했다. 철저한 '서비스맨'이었다.

8코스 진지리길

창선면 동대만휴게소 ~ 창선·삼천포대교
10km 3시간

강진만의 가장 안쪽 해안에서 바라본 강진만과 갯벌

남해섬 사람들은 잘피를 '진지리'라 부른다. 이전에는 섬 갯벌에 진지리가 지천이었다고 한다. 지금은 많이 없어졌지만, 창선면 동대만에는 아직도 많이 자라고 있다.

남해바래길 8코스 진지리길은 이 동대만의 끝자락을 따라서 창선·삼천포대교까지 이어진다. 진지리길의 오른편으로는 3번 국도가 따르고, 왼편으로는 동대만과 그 건너편으로 7코스 고사리밭길이 보인다. 정면으로는 창선·삼천포대교의 주황색 아치를 마주 보면서 걷는 길이다. 이 코스는 아직 완성 전이라 안내 표지도 없고 길도 거칠다. 주로 바닷가 제방을 따라 걷다가 길이 막히면 3번 국도로 빠져나오기를 반복해야 한다. 다만, 코스가 길지 않고 국도 주변에 카페와 식당이 많으니 먹고 마시며 쉬엄쉬엄 간다고 생각하면 될 듯하다.

시작점에서 곤유마을로 가는 제방길. 제방은 폭이 50cm 정도로 걷기에 조금 아슬아슬하다.

동대만 해안선 구비구비

　퇴색한 느낌의 동대만휴게소에는 오래되어 지도가 지워진 8코스 표지판이 서 있다. 휴게소 바로 옆에는 무슨 예술원이라고 적힌 정원이 있다. 이순신 장군도 있고, 기린, 사자 같은 동물, 책 읽는 아이들 조형물 같은 게 가득하다. 아마 폐교에서 가져다 놓은 듯하다.

　정원을 지나고 나니 갑자기 막막하다. 안내 표지가 없다. 무작정 바다로 향한다. 폭이 50cm 정도 되는 제방이 해안선을 따라 길게 이어져 있다. 썰물 때라 제방 아래까지 바닷물이 찰랑거린다. 바람까지 불어 걸음이 아찔하다.

　곤유마을 앞에서 제방길이 끊어진다. 할 수 없이 3번 국도로 나온다. 갓길은 좁은데, 차 속도가 빨라 무섭다. 곤유마을 가운데로

난 고샅을 통해 다시 바다로 나간다.

곤유마을은 완두콩과 맥주보리, 취나물이 특산물이라고 한다. 모두 봄에나 볼 수 있는 것들이다. 가을걷이가 끝나고 다음 농사를 위해 가지런히 갈아엎은 밭에는 이제 마늘을 심어야 하는 철이다.

곤유마을 제방길에는 무화과가 자라고 있다. 진지리는 보이지 않는다. 마침 양식 굴을 보살피던 할머니한테 여쭈니 바닷가에 떠밀려 온 진지리 줄기를 들어 보인다. 허벅지에 물이 찰 정도 깊이까지는 가야 볼 수 있다고 한다. 제방 주변으로 풀이 많이 자라 걷기가 어렵다. 펜션을 하나 지나고 나니 다시 길이 끊어져 도로로 빠져나온다.

3번 국도변 멋진 숲

잠시 후 당항마을 들판에 닿는다. 도로를 버리고 들판으로 들어선다. 벼 베기가 끝난 들판은 아직도 파릇파릇하다. 벼 벤 자리에서 다시 새싹이 자라고 있어서다. 생명은 이렇게 무심한 듯 끈질기다. 마을은 아담하다. 어느 집 오래된 돌담 위로 박 넝쿨이 길게 늘어졌다.

당항마을에서 마을 뒤 고개를 넘으면 강진만을 낀 율도마을이다. 이 고개를 옛사람들은 당고개라고 했다. 생긴 게 닭 모가지 같다 해서 지명을 정할 때 목 항項을 넣어 당항이라고 했는데, 주민들은 그냥 '당목'이라고 부르고 있다.

마을 끝에서 다시 도로로 나와야 한다. 나오자마자 도로변에 벤치가 있는 멋진 숲이 있다. 이제부터 도로를 따르는데 가능하면 진행방향 왼쪽 갓길을 걷자. 그나마 폭이 좀 넓다. 차를 마주 보고 걷는 방향이니 아찔한 순간에 몸을 피하기도 좋다.

정면 바다 건너로 삼천포화력발전소 굴뚝이 제법 가까워졌다 싶을 때쯤 오른편으로 냉천마을 어촌체험장 건물이 나온다. 건물을 오른편에 두고 바닷가로 향한다.

마을까지 이어진 해안은 펜션이 늘어서 있다. 그 끝에 마을 갯벌체험장이 나온다. 2017년 기준 3~4월에 하는 바지락 체험은 어른이 8000원, 어린이가 5000원이다. 5~11월까지 하는 쏙잡이체험은 어른이 5000원, 어린이가 3000원이다. 6~8월이 성수기라고 한다. 조개나

당항마을 국도변에 있는 벤치가 있는 숲

굴을 캐기도 하지만, 안내문을 보니 가재처럼 생긴 '쏙'을 가장 많이 잡는 것 같다.

다시 국도로 나와 조금만 더 걸으면 냉천마을이다. 국도가 동네 한가운데를 통과한다. 한눈에 봐도 규모가 크고 현대적인 마을이다. 항구시설도 제법 잘 돼 있다.

국도 위편 골목에 오래전부터 마을 사람들이 쓰던 샘이 있다. 마을 주민들은 이를 '찬새미'라고 부른다. '찬샘'에서 나온 말이다. 마을 주민들 말로는 여름에는 찬물이, 겨울에는 따뜻한 물이 나온다고 한다. 임진왜란 때 조선 수군들이 이곳에 있는 물을 마셨다는 이야기도 있다. 지금은 식수로 쓰지는 않는다고 한다.

냉천마을 이후로는 3번 국도변을 제법 걸어야 한다. 한국의 아름다운 길 표지판이 보이면 곧 단항삼거리가 나온다. 그 삼거리를 지나면서부터 창선·삼천포대교가 시작된다

4개 섬 연결하는 5개 다리

남해군 창선면과 사천시 대방동 삼천포항을 연결한 이 대교는 4개 섬에 서로 걸친 5개 다리로 이뤄져 있다. 다리마다 다른 공법으로 시공을 했기에, 아는 이들 사이에는 일명 '다리 박물관'이라고도 불린다. 단항삼거리를 지나면 가장 먼저 단항교340m가 나온다. 5개 다리 중 유일한 육지 교량이다. 모양도 소박해서 다리인 줄 모르고 지나는 운전자들도 많을 것이다.

단항교를 지나면 주황색 아치가 두드러지는 창선대교150m다. 이 다

창선삼천포대교를 이루는 5개 다리 중 하나인 창선대교. 남해군과 사천시의 경계다.

리가 남해군과 사천시의 경계다. 창선대교는 건너편 늑도로 연결된다. 늑도를 지나면 초양도까지 이어지는 늑도대교[340m]가 나오고 이어 모개도까지는 초양대교[200m]다. 마지막 삼천포항까지 연결된 다리가 삼천포대교[436m]다. 단항교에서 삼천포대교까지 총 길이는 3.4km다. 양쪽에 있는 인도를 통해 걸어서 대교를 건널 수 있다.

창선대교 바로 아래에는 단항횟집타운이 있다. 주변에 마을이 있는 것도 아닌, 그야말로 횟집만 모여 있는 상업 지역이다. 주차장이 아주 넓은 데다가, 큰 범선 모양을 한 남해수협활어위판장도 볼만해 사람들이 제법 찾는다.

진지리길 굴까는 노부부

남해바래길 8코스 진지리길. 바닷가 제방을 따라 걷다가 해변에 웅크려 무언가를 하는 노부부를 만났습니다. 이정표가 없는 코스인 탓에 마침 길이 헷갈리던 참이었습니다.

다가가 길을 물었지요. 무덤덤하게 길을 알려주고 다시 하던 일을 하던 노부부. 가만히 보니 굴을 까고 있습니다. 옆에 놓인 냉면 그릇에 깐 굴이 가득합니다.

"이거 꿀굴의 남해 사투리 아입니꺼, 어디서 가져 오셨는데예?"

"저 밑에 바다서 떠 가왔지예."

"배를 타고예?"

"다라이로 해가 왔지."

썰물 때 갯벌로 나가서 따왔다는 이야기입니다.

길을 알려줘서 고맙다는 인사를 하고 돌아서는데 뒤통수에다 대고 소리를 칩니다.

"꿀 하나 자압고먹고 가이소. 혹시 이거 묵거던."

으앗. 저걸 먹으라고? 으…, 조금 망설여집니다.

"그걸 바로 묵는다고예?"

"무도 되지. 이거는 양식한 게 아이고 자연산이라 괘안지예."

어머니가 금방 깐 굴을 껍질째로 눈앞에 들이밉니다. 할 수 없이 엄지와 집게손가락으로 생굴을 집어듭니다.

남배바래길 8코스 진지리길에서 만난 굴 까는 노부부

"되게 짭다이."

"아, 그렇습니꺼. 바닷물 맛이 많이 나긴 합니다."

"짭아도 잘 묵는 사람은 쭉 훑어 묵지."

"맛은 있네요."

"맛이 있지, 자연산인데."

"이래 갖고 뭐, 음식을 해드십니까?"

"묵기도 하고 폴기도 하고 이거는 폴어야지. 관광오는 사람들이 사가기도 하고."

그러는 동안 다시 크다 싶은 굴을 하나 까서 건네주십니다.

"아이고, 자꾸 주시면 우짭니꺼? 오데서 파는데요?"

"요서 팔지. 이래 씻거가꼬. 가가서 초장하고 해서 주면 끝내준다 캅니더, 맛있다꼬."

"예예, 맛은 있네예."

결국, 앉은 자리에서 생굴 3개를 얻어먹었습니다. 다시 고맙다는 인사를 하고는 길을 나섭니다.

제법 멀리 간 다음 뒤돌아보니 노부부는 아까 그 자리, 그 모습 그대로 굴을 까고 있습니다. 그날은 종일 입안에서 생굴의 비릿한 바다 냄새가 났습니다.

창선 왕후박나무 아래서 만난 어르신

남해군 창선면 단항마을 왕후박나무 앞. 큰 나무 앞에 서면 자연스레 합장을 하고 고개를 숙입니다. 그리고는 뿌리에서 뻗은 열한 가지를 가만히 살펴보고 있는데 경운기 소리가 뒤에서 요란합니다. 경운기에 앉은 동네 어르신이 가만히 저를 보다가 말씀하십니다.

"우리 동네 당산나무에 합장하는 거 보고 흐뭇해서 말을 건다!"

매년 섣달그믐이면 동네에서 당제를 지내곤 했는데, 이제는 그러지 않는답니다. 말끝에 아쉬움이 묻어납니다.

"셀마하고 사라하고 태풍이 불어갖고 마 가지가 많이 뿔라짓다. 그라고 언젠가 나무 옆에 밭 주인이 밭에 그늘진다고 가지를 안 싹쳐뻔기라. 나무가 둥그러이 그랬는데, 한쪽이 싹 짤렸다가 인자 잔가지가 나고 해서 좀 낫다."

그러고 보니 서쪽 나뭇가지가 짧습니다. 후박나무의 수난사는 계속됩니다.

"셀마 태풍 오고 나서 나무가 이름있는 나무라고 해서 약방에서 사람이 와서 껍디를 당시에 키로로 만 오천 원씩 받았다. 그때는 이 나무 껍디 뻈기는 게 일이라. 그때 가지가 많이 뿔라졌어요. 껍디를 뻈기갖고 밀로 섞어가 술로 담가 무면 삐삐 모른 사람도 몸이 대번

남해군 창선면 단항 왕후박나무 아래서 만난 어르신

에 붙어삔다 하니까 챙기는 거제.”

후박나무 껍질은 후박피厚朴皮라고 해서 천식과 위장병에 좋다고 합니다. 영험한 나무로 소문이 나서 유달리 사람들이 많이 찾았던 모양입니다.

왕후박나무는 추억의 장소이기도 합니다. 그리고 여전히 동네 사람들과 더불어 추억을 만드는 곳이기도 합니다.

“내 인자 팔십이 다 됐는데, 초등학교 댕길 때 쬐그만 것들 서너 명이 매달리고 올라가서 그네를 타고 뭐 많이 그랬다. 인자는 뭐 이기 국보천연기념물가 돼나서 함부로 손을 못 댄다. 그래도 여름에 이 나무 밑에 앉으면 참 시원코 좋다. 바람이 일로 불면 굉장히 써언해요. 작년에는 동네 사업하는 사람이 돈 좀 보태고 해서 한 300만 원 모있거든. 그래갖고 사시미膾도 사 묵고, 닭도 사 묵고 별걸 다 사 묵고 그랬다.”

긴 말씀 끝 한마디에 가슴이 짠해집니다.

“여름에 한 번 들리세요. 여 막걸리가 참 좋아. 같이 한 사발 묵세.”

바래길 외전 2

강진만을 낀 창선면 해안도로

갯벌로 스며드는 강진만 노을. 강진만은 여러모로 황금바다로 불린다.

강진만을 끼고 창선면을 왼쪽으로 에도는 1024번 지방도

남해군 강진만에 노을이 진다. 바다는 온통 노을빛이다. 건너편 설천면, 고현면의 산등성이들 그리고 바다 위 섬들의 검은 그림자가 햇살과 대조를 이루며 운치를 더한다. 아, 이런 거였나. 창선면에서 바라보는 강진만의 일몰이 환상적이라는 어느 어르신의 말도, 이 주변에 유달리 '노을'이란 이름이 들어간 펜션이 많은 이유도 이해가 된다. 그야말로 찬란한 황금 바다. 넓게 드러난 갯벌에도 노을이 스며든다. 1960~1970년대 찢어지게 가난하던 어촌마을 주민들이 1980년대 이 강진만 갯벌에 조개 양식을 시작하며 큰돈을 벌기 시작했다. 하여 강진만은 또 다른 의미에서 황금 바다이기도 하다.

단항 왕후박마을

남해바래길 외전. 두 번째로 선택한 곳은 남해군 창선면 왼쪽 해안도로. 강진만을 끼고 도는 1024번 지방도를 따르는 길이다. 삼천포에서 창선·삼천포대교를 지나면 단항사거리다. 여기서 오른쪽으로 방향을 잡고 가면 이내 단항마을이다. 이 마을에 제법 유명한 노거수老巨樹 '왕후박나무'가 있다. 나무는 바닷가와 마을 사이 들판에 있다. 풍채가 좋아 멀리서 봐도 두드러진다. 500살이 넘은 나무시란다. 국가 천연기념물 299호. 높이는 9.5m, 뿌리에서 11개 가지가 뻗어 있는데 긴 것은 10m가 넘는다. 후박나무는 경상, 전라 지역 섬에서 쉽게 볼 수 있다. 왕후박나무는 이 후박나무의 변종인데 창선 외에 진도, 홍도에도 비슷한 게 있다고 한다. 단항 왕후박나무는 예로부터 마을 주민들이 매년 섣달그믐에 제사를 지내던 당산나무인데 그 위엄이 상당하다.

"동네 백 살 넘은 할배들도 어릴 때부터 나무가 이만했다 카더라. 나도 팔십이 다 됐는데 어릴 때부터 내 이래 컸지. 요즘은 당제는 안 지내제. 시대가 안 그렇나. 그래도 이 나무에 제를 지내고 해서 자식들이 출세를 하고 그랬는데…."

마을 어르신의 이야기 끝에 아쉬움이 묻어난다.

단항 왕후박나무에는 전설이 두 가지 깃들어 있다. 하나는 이 나무의 탄생 설화다. 500여 년 전 단항마을에 늙은 부부가 살았다. 매일 고기를 잡아 생계를 꾸렸는데, 하루는 할아버지가 큰 물고기를 잡았다. 고기 뱃속에서는 이상한 씨앗이 하나 나왔는데 이걸 집 앞에 심었더니 지금의 왕후박나무로 자랐다는 이야기다.

창선면 단항 왕후박나무

다른 하나는 이순신 장군과 관련이 있다. 이 마을에는 대나무가
많았다고 한다. 노량해전[1598] 당시 이순신 장군이 이 마을에서 대나
무와 짚을 구해 배 위에 싣고 전투 중에 불을 질렀다. 불이 대나무
는 마디가 터지면서 '펑펑' 하고 소리를 내는데, 왜적들이 이것을 대
포 소리로 알고 도망을 쳤다. 그러고는 이순신 장군이 이 나무 아래
서 점심을 먹고 쉬었다는 이야기다. 이 나무를 달리 '이순신 나무'로
부르는 이유다.

지독하게 가난했던 마을이 부촌으로

단항마을에 이어 대벽, 소벽마을을 지나니 제법 큰 섬을 만난다. 율도栗島, 그러니까 밤섬이다. 마을 이름도 율도마을이다. 섬 아래는 암석이고, 윗부분은 나무가 자라 밤 모양이라는데, 실제로 보니 잘 모르겠다. 옛날에는 그렇게 보였나 보다. 이 섬 역시 강진만 여느 섬처럼 썰물이 되면 마을과 연결된다. 다음에 만난 서대마을은 들판이 가지런하고 너르다. 나락이 여문 모양새를 보니 올해 농사가 잘된 것 같다. 추수가 한창이다. 사진을 찍고 있는데, 새참을 먹던 주민들이 같이 먹자고 손짓을 한다. 빵과 음료수를 두고 둘러앉아 이야기를 나눈다. 서대마을은 2016년에만 강진만 조개 양식으로 10억을 벌었단다. 가구마다 1000만 원씩 돌아가는 소득이다. 예전보다 수익이 줄었다는 이야기도 나온다.

사포마을을 포함해 강진만 주변 마을 주민들은 쌀농사도 짓고 조개 양식도 하고 물고기도 잡는다. 반농반어半農半漁다. 오래된 생활양식이다. 하지만, 옛날에는 요즘처럼 소득이 높지 않았다. 심지어는 곡식이 없어 다른 마을로 꾸러 가기도 했다. 이곳 사람들의 생활을 크게 바꾼 건 조개 양식을 시작하면서부터다. 새조개와 피조개 같은 것들이다. 사포마을을 지나서 만난 광천마을은 강진만에서 가장 먼저 양식 새조개를 수출한 곳이다. 마을을 지나는 개울이 넓어 넓을 광廣, 내 천川자를 썼다고 한다. 하지만, 실제로 보니 그리 넓어 보이지는 않는다. 아마 동네 안으로 길을 내면서 줄어들었으리라.

"옛날에는 참 못 살았지." 광천마을에서 만난 어르신은 동네를 둘러보며 옛 생각에 잠긴다.

한미패류협정에 의한 지정해역 안내판. 강진만에서 사는 조개류 품질이 좋다는 의미다.

"바닷가라 물을 못 대가지고 농사도 잘 못 짓고 그랬지. 요새야 지하수 파가지고 농사도 다 짓고, 바다도 돈이 많이 되고, 집집마다 차가 한 대씩 다 있고 그란다."

바다가 돈이 많이 된다는 말은 조개 양식을 뜻한다.

광천마을을 지나 사포마을로 들어선다. 버스정류장에 있는 마을 소개는 이렇다. '60, 70년대 다른 마을로 곡식 팔러 갈 정도로 가난 했던 창선면 사포마을. 지금은 창선면에서 가장 부자 마을로 손꼽혀 주민들은 한결같이 피조개가 우리 마을을 살린 것이라고 말한다.' 1980년대 당시 사포마을은 조개 양식으로만 가구당 2000만 원 정 도의 수익을 올렸다고 한다. 조개 공동 양식으로 돈을 번 주민들은

공동수익에서 1억 원을 내 마을회관을 새로 지었다. 지금도 이 회관
은 번듯하게 마을회관으로 쓰이고 있다.

　지족에 이르기 전 마지막으로 나오는 신흥마을은 이런저런 체험
으로 유명하다. 지금은 '신흥해바리마을'로 불린다. 해바리란 이름은
원래 '훼바리'라고 밤에 횃불을 들고 고기를 잡던 방식에서 나온 것
이다. 이 마을은 또 남해군에서 유자가 처음으로 생산된 곳이라고
기록은 전한다. 마을로 들어서면 곳곳에 유자밭을 볼 수 있다.

14코스 망운산 노을길

남해군 서면 서상마을 ~ 노구마을
10.4km 3시간

남해 망운산 정상에서 본 노을

남해군 서면에 우뚝 선 망운산786m은 남해섬에서 가장 높은 산이다. 금산의 유명세에 가려져 있지만 옛 기록에는 망운산이 남해의 진산으로 돼 있다. 남해 고을을 수호하는 산이란 뜻이다. 남해바래길 14코스는 이 망운산 자락을 따라 서면 바닷가를 걷는 길이다. 서쪽 바다로 열린 땅이니 노을이 유독 아름답다. 하지만, 노을이 지는 시간에 이 코스를 걷지 않는 게 좋다. 여러 번 외진 바닷가와 등성이를 지나야 하기 때문이다. 애초 남해군 서면사무소가 있는 서상마을에서 갈화마을까지 19.2km로 계획이 되어 있는데, 2017년 8월 현재는 노구마을까지만 길이 연결돼 있다.

이 길이 남해바래길 마지막 코스다. 안내도는 서상마을에서 출발해 유포마을에 이르게 돼 있지만, 이번에는 거꾸로 걸어보기로 했다. 마지막 코스를 걸어 1코스 다랭이지겟길과 연결해 보자는 생각도 있고, 왠지 이편이 더욱 운치가 있을 것 같아서다. 이 코스에서 큰 도로를 만나는 일은 없다. 길은 그대로 몽돌해변을 지나고, 어촌 마을 작은 어항을 지나고 다시 등성이를 지난다. 바닷가 등성이마다 가지런한 마늘밭과 시금치밭, 그 너머로 펼쳐진 푸른 바다는 처음 바래길을 걸었을 때의 느낌 그대로였다.

한겨울에도 푸름 가득한 들판

남해군 서면 노구마을의 이름은 갈대 노蘆, 아홉 구九자를 쓴다. 9월에 마을 갈대들이 풍성하게 살이 찐다는 뜻이다. 우리말로는 '갈금'으로 불린다. 77번 국도변 노구마을 버스정류장에서 길을 시작한다. 마을로 들어가는 길을 사이에 두고 바로 옆에 바래길 표지판이 있다. 마을 길로 들어서면 바로 내리막이다. 건너편 등성이를 따라 계단식으로 들어앉은 집들과 밭들이 가지런하다. 내리막이 끝나면 정면으로 등성이를 에도는 길이 보인다. 구불구불한 모양새가 정겹다. 그 길을 따라간다. 고갯길에서 뒤를 돌아보니 들판 풍경이 훤하다. 늦가을 밭에는 시금치가 싹을 틔우고 마늘 줄기가 크고 있다. 들이 온통 파릇하니 지금이 봄인지 늦가을인지 헷갈린다. 시금치와 마늘은 겨울 동안 튼실하게 자랄 것이다. 하여 남해는 겨울에도 푸르다. 이 푸름이 남해의 매력이다.

등성이 길 오르막 끝 외로운 소나무 한 그루를 지나면 곧 바래길 표지판이 나온다. 유포마을까지 0.8km가 남았다. 등성이를 넘자 바다 건너로 광양제철소가 한눈에 들어온다. 정면에 보이는 섬은 광양만의 한가운데 떠 있는 여수 묘도다. 묘도에서 오른쪽 광양 쪽으로

늦가을 들판에 시금치와 마늘이 자라고 있다. 이 푸름이 남해의 매력이다.

이어진 다리가 이순신대교, 왼쪽 여수로 이어진 다리가 묘도대교다. 묘도 앞으로 커다란 배들이 느릿느릿 여수항 방향으로 움직인다. 그 풍경을 보며 건들건들 내리막을 걷는다. 곧 바닷가에 닿는다. 이제 부터는 제방을 따라간다. 100m 남짓 걷고 나니 만조로 길이 사라졌다. 잠시 헤매다가 바닷가 조그만 등성이 거친 오르막을 발견한다. 곧 다시 바닷가로 빠져나오면 유포마을 들판이다.

　노구마을 경사진 농지와 달리 유포 마을은 바닷가 비교적 평평한 땅에서 시금치며 마늘이 자라고 있다. 마을 초입 단정한 정자 두 채가 맞이한다. 정자 뒤로 수영장을 거느린 건물이 유포어촌체험마을 안내소 건물이다. 이곳에서 갯벌체험, 통발체험 같은 것을 할 수 있다. 유포마을은 지금부터 거의 900년 전 망운산 자락에서 광물 채취하던 사람들이 바닷가로 옮겨와 살면서 생겼다고 한다. 지금은 청소를 아주 열심히 하는 마을이라고 남해군은 소개하고 있다. 그래서인가, 안내소 주차장이 꽤 넓은데도 아주 말끔하다. 주차장 한편에 깨끗한 화장실도 있다.

　이 주차장 끝에서 바다를 등지고 왼편으로 들어선다. 이제 길은 마을을 지나는 아스팔트 도로다. 천천히 5분 정도 걸으면 마을 등성이로 오르는 길이 나온다. 바닥 화살표를 잘 살피자. 반대로 왔으니 녹색 화살표를 따라 걸어야 한다. 서상마을에서 출발해 왔다면 이 지점에서 노란색 화살표를 보고 바닷가로 향하면 된다. 오르막 중간에서 뒤돌아보니 유포마을 집들과 농지가 한눈에 들어온다. 바래길 표지판이 있는 등성이 정상은 그야말로 기가 막힌 전망대다. 코앞으로 염해마을 전경이 눈에 들어오고 바다 건너 여수 산단이 한결 가까워졌다. 내리막이다 싶더니 길은 다시 다른 등성이로 이어진다.

그것마저 넘어서니 배들이 가지런히 정박한 염해마을 방파제가 나타난다.

긴 갯바위 해변을 따라서

염해마을은 옛날 사람들이 소금을 만들던 곳이다. 그래서 염전포鹽田浦라고 했다. 그러다 주변 세 마을이 통합되었는데, 다시 분리가 되면서 염해鹽海라는 이름을 얻었다. 소금을 만들던 곳이란 뜻이다. 여유가 있으면 마을 어항을 지나 갯바위가 있는 곳으로 넘어가 보자. 그곳에 하얀 등대가 있다. 제법 운치가 있어선지 몇몇 드라마가

드라마를 촬영지 염해마을 등대

14코스 상당마을 주변 갯바위해변. 다양한 모양의 바위가 많다.

이곳을 배경으로 촬영하기도 했다.

마을 어항을 지나 널찍한 해안도로를 따라간다. 모래사장이며 갯벌이 적당하고 보기 좋은 해변이다. 벤치에서 쉬며 잠시 파도 소리를 듣는다. 해안도로가 끝나는 지점에서 조그만 다리를 건넌다. 그리고 바로 오른쪽으로 방향을 잡자 또 등성이를 오르는 길이다. 그너머는 여지없이 마늘밭과 시금치밭이다. 제법 자란 마늘 줄기가 바닷바람에 흔들린다. 바다가 눈부시게 반짝인다. 점심때가 조금 지나 해가 가장 높을 시간이다.

곧 몽돌해변이 나온다. 남상마을이다. 가까운 바다에 고깃배가 몇 척 떠 있다. 남상마을 앞바다는 원래 1급 청정해역이었다. 하지만, 80년대 들어 바다 건너로 호남정유, 율촌공단, 여천공단, 광양제철, 하동화력이 들어서면서 수질이 나빠지기 시작했다고 한다. 그래도 마을 주민들은 이곳에서 나는 해산물이 최고라고 말한다.

마을 긴 해변을 따라가다 보면 축사가 나오고 바래길 표지판이 보인다. 길은 계속해 바닷가 농지를 지나 이내 커다란 몽돌 바위 해변으로 이어진다. 걷는 길이 만들어져 있지만 사람들이 거의 다니지 않아 풀이 우거져버렸다. 길이 조금 험하다. 그러다 시멘트 포장도로가 이어진다. 가다 보면 하천이 하나 바다로 스며드는데 망운산 자락에 있는 직장 저수지에서 흘러나와 작장마을을 지나온 물이다. 작장마을은 예로부터 물이 풍부했다. 신라시대 목마른 용이 물을 마시고 승천했다는 전설로 '갈용渴龍고지'라고 불렸다고 한다. 뒤새미, 말새미, 참새미 등 샘이 많은 고장이다. 마을은 예로부터 양반고을로 알려졌다. 작장勺長이란 이름도 서로 다독이며 한 가족처럼 지낸다는 뜻이라고 한다.

하천을 지나면 곧 작장마을 어항이다. 이곳에서 길은 다시 바닷가 등성이를 오르게 된다. 이번에는 산길이다. 군대 초소가 곳곳에 있는데, 몽돌을 쌓아 만든 참호가 인상적이다. 곧 갯바위 해안으로 빠져나온다. 바위에는 예전에 간첩 침투에 대비해 유리 조각을 박아 놓은 흔적이 남아있다. 바닷가의 너럭바위를 지난다. 꽤 넓다. 오랜 세월 물이 흐르면서 바위에 물길이 생겼다. 실감할 수 없는 시간의 흔적이다. 그걸 보고 있자니 꼭 외계 행성에 있는 듯한 느낌이다.

바위를 지나면 상남마을 어항이다. 어항을 지나면 계속해 갯바위 해변이 이어진다. 이곳 바위에는 톳이며 미역 같은 해조류가 많다. 곳곳에 망태기를 들고나온 주민들이 바위에 쭈그리고 앉아 이것들을 따고 있다. 갯바위 해변이 제법 길다. 파도에 닳아 독특한 모양을 한 바위들도 많다. 14코스 절반 정도가 이런 해변을 지나니 이름을 갯바위길이라고 해도 괜찮을 것 같다.

예계마을 깔끔한 몽돌 해변

길을 잘 살펴 펜션이 있는 언덕으로 올라가야 한다. 풀이 많이 자라 길을 놓치기 쉽다. 펜션 지역을 지나면 다시 바닷가로 향하는데 깔끔한 자갈 해변이다. 곧 예계마을에 닿는다. 마을 표지석에는 '여기방'이라고도 적어 놓았는데, 양지陽地바르고 따뜻하다는 뜻이란다. 예계마을을 통해 도로로 빠져나온다. 그대로 도로를 따라 걸으면 도착지인 서상여객선터미널에 닿는다.

바래길 마을 고샅고샅

바닷물이 황금색으로 물들 즈음 남해섬 망운산에 오른다. 산봉우리에서 구름을 내려다본다고 해서 망운蜒蜒이란 이름이 붙었다고 하던가. 운해가 자주 낀다고 들었지만 구름 한 점 없는 날씨다. 4, 5월이면 철쭉이 흐드러지게 핀다고도 들었다. 초겨울 산은 그저 억새들만 바람에 흔들리고 있다. KBS 송신탑을 지나 감시초소까지 가니 비로소 노을이 지기 시작한다. 남해에서 가장 우뚝한 산답게 망운산은 바다를 굽어보는 기상이 웅장하다. 남해섬 여러 봉우리는 물론, 바다 건너 전남 여수 땅 봉우리들도 이쪽을 향해 고개를 숙이는 듯하다. 해는 여수 쪽으로 넘어간다. 지평선 주변에 가로로 길고 붉은빛이 머물다 사라지니 해가 온데간데없다. 곧 바래길 주변 어촌마을에 짙은 어둠이 깃든다. 반면 바다 건너 여수 산업단지와 광양제철에는 환하게 불이 켜진다.

망운산과 화방사

더 어두워지기 전에 서둘러 산에서 내려간다. 세계 2차대전 때 망운산에 추락해 전사한 미 폭격기 승무원 11명을 기리는 전공비가 정상 근처에 있다. 하지만, 어둠이 급하게 밀려들기에 찾기를 포기하고 하산길을 재촉한다. 길이 어디로 사라지는 것도 아닌데 괜히 마음이 급하다. 망운산의 기운이 강해서 그런지 몸이 자꾸만 움츠러들

남해 망운산 중턱에서 본 노을

기 때문이다. 옛 시절 남해에 비가 오지 않으면 가장 먼저 망운산에
서 기우제를 지냈다고 한다. 그래도 비가 안 오면 상주 앞바다에 있
는 세존도까지 찾아갔다고 한다.

　노구마을 방향으로 내려가 보면 망운사 가는 길이 나온다. 원
래는 북쪽 자락에 있는 화방사의 부속 암자였다. 효봉, 경봉 같은
큰 선승들이 이곳에서 수행했다고 한다. 30여 년 전 선화를 잘 그
리기로 유명한 성각스님이 이곳에 온 후 공을 들여 쌍계사 말사로
승격했다. 보통 망운산 산행은 화방사에서 시작한다. 정상까지는
2.97km, 약 1시간 10분 정도 걸린다. 신라 신문왕 때 원효대사[617~686]
가 금산에는 보광사를 망운산에는 연죽사를 세웠는데, 연죽사가 지

금 화방사의 전신이다. 임진왜란 당시만 해도 호국 사찰로 이름이 높았다. 이순신 장군을 포함해 임진왜란 때 순국한 이들의 제사를 이곳에서 지냈었다고 한다.

화방사 일주문을 지나 산사로 들어가는 길은 오솔길처럼 정겹다. 일주문에 달린 '망운산 화방사' 현판에는 글씨를 쓴 이가 '여초거사'라고 돼 있다. 근현대 서예의 대가 여초 김응현¹⁹²⁷~²⁰⁰⁷ 선생을 말한다. 충청북도에서 경상북도 길목에 있는 영남제일문경북 김천 현판을 쓴이다. 사찰로 들어서면서 먼저 만나는 건 채진루다. 조선 후기 건축양식을 알 수 있는 건물이라고 한다. 채진루를 정면으로 마주 보고 대웅전이 있다. 아담하지만 단정하고 늠름한 모습이다. 작은 마당 한편에 범종과 법고가 보인다. 아니, 자세히 보니 목어와 운판도 있다. 이 조그만 절에 법전사물이 다 갖춰져 있다. 전체적으로 화방사는 소박한 느낌이 나는 사찰이다. 하지만, 산기슭 쪽으로 새로 지은 듯한 용왕단이 이 소박한 맛을 조금 떨어뜨린다. 용왕단에는 돌로 된 커다란 약사여래좌상이 모셔져 있다. 망운산 정상으로 향하는 등산로는 용왕단 뒤편으로 나 있다.

남해스포츠파크, 오래된 나무들

바래길 14코스가 시작되는 서상마을 주변은 서면사무소가 있는 면 소재지다. 이곳에 5개의 야구장, 4개의 축구장, 수영장, 테니스장이 있는 남해스포츠파크가 있다. 면적은 30만㎡로 지난 2000년에 공사를 시작해 2004년 완공했다. 바다 건너 광양제철소를 지으면서

서면소재지에 있는 남해스포츠파크. 넓고 한적해 산책하기 좋다.

나온 흙과 그 앞바다를 국제항로로 만들려고 바다에서 파낸 흙으로 메운 매립지 위에 조성한 시설들이다. 이곳에 사계절 푸른 잔디를 입혔는데, 지금도 잘 자라고 있다. 이렇게 잔디를 잘 키운 것만으로도 견학 대상이 된다고 한다. 메인 구장에는 지난 2002년 한일월드컵 당시 덴마크 선수들이 이곳을 훈련장으로 썼다는 안내판이 지금도 붙어 있다. 월드컵을 전후해 국내 큰 축구대회도 열리고, 많은 팀이 전지 훈련장으로 이곳을 썼다. 뭔가 굉장하지 않을까 기대를 했지만, 실제는 꽤 조용하고 한적한 곳이다. 관리가 깨끗하게 잘 되고 있어서 여전히 작은 대회들이 자주 열리고, 남해군민들에게도 훌륭한 공원 노릇을 하고 있다.

14코스에는 오래된 나무와 관련한 몇 가지 이야기가 전해진다. 먼저 남상마을에서 태어난 스님 이야기가 있다. 조선 영조 때 운홍^{남상}_{마을 옛 이름}에서 한 아이가 태어났다. 어려서부터 비범하기로 소문이 자자했는데, 커서 스님이 되었다고 한다. 이 스님이 가직대사다. 어느 날 가직대사가 전북 무주를 지나고 있을 때 마침 가뭄으로 고생하던 주민들이 지하수 맥을 좀 짚어 달라고 부탁했다. 스님은 소나무 하나를 가리키며 나무를 베고 그 밑을 파보라고 했다. 하지만, 땅을 파고 보니 커다란 돌이 있었다. 실망한 주민들이 항의하자, 스님이 들고 있던 쇠막대로 바위를 내리쳤는데 물이 솟구쳐 올랐다고 한다. 조금 황당하지만, 가직대사가 백성을 위해 몸을 아끼지 않기로 유명한 것으로 미루어 이와 관련해 만들어진 설화일 것이다.

이 가직대사가 남상마을과 중리마을, 노구마을에 소나무를 심었다. 물론 300여 년 전의 일이다. 그러면서 '이곳에 길이 날 것'이라고 예언했다고 한다. 놀랍게도 지금 이 소나무들은 모두 77번 국도변에 있다. 하여 사람들은 훗날 이 나무들을 '가직대사 삼송'이라고 부르며 잘 보호하고 있다. 특히 남상마을 소나무 곁에는 가직대사삼송기념비가 함께 있어 스님의 뜻을 기리고 있다.

지금은 노구마을까지만 바래길이 조성됐지만 애초 14코스 예정지인 고현면 갈화마을에도 유서 깊은 나무가 있다. 아니, 있었다. 갈화마을 들판 한가운데 있는 갈화리 느티나무는 지난 1982년 천연기념물 제276호로 지정됐다. 높이 17.5m, 둘레가 9.3m. 500년 전에 이 마을 부농이 마을 들판을 지나는 냇가에 심은 것이라고 한다. 동쪽 가지에서 서쪽 가지까지가 27m, 남쪽 가지에서 북쪽 가지까지는 25m로 여름이면 그늘이 아주 넓어 주민들이 와서 쉬기도 하고, 마을 회의를 열기도 했다. 그런데 이 나무가 몇 해 전에 죽었다. 한동안 잎이 나지 않더니 결국 고사했다고 주민들은 전한다. 현재는 아예 베어지고 없다. 대신 그 자리에는 정자가 새로 생겼다. 또 하나, 주민들이 그 곁에 새로 느티나무 묘목을 심었다. 아직은 앙상하지만 앞으로 또 몇백 년이 지나면 다시 후손들에게 시원한 그늘이 되어 줄지도 모른다. 어쩌면 바래길 주변 남해섬 사람들의 삶도 이런 식으로 이어져 왔을 것이다.

77번 국도변에 있는 가직대사 삼송 중 중리마을에 있는 소나무.
가직대사가 300년 전에 나무를 심으며 이 앞으로 길이 날 것이라 예언했다.

남상마을 가는 길에 만난 어르신

남해바래길 14코스 망운산노을길은 남해섬 서쪽으로 전남 광양과 여수를 지척으로 바라보며 걷는 길입니다. 바다 건너에는 광양제철소, 여수산단 등 거대한 산업시설이 들어서 있습니다. 이 때문에 바닷물이 많이 오염되기도 한 모양입니다. 염해마을에서 남상마을로 가는 길, 바닷가 등성이가 아마도 여수 쪽으로 가장 가까운 곳이지 싶습니다. 등성이를 내려오면서 마침 지나는 어르신에게 여쭈었습니다.

"저 공단들 생기믄서 물이 안 더러버 졌습니까?"

"아이다, 괜찮다. 저저 화력 발전소 앞이나 물이 좀 나빠졌을까, 여는 괜찮아."

마침 바닷가에 고깃배가 몇 척 떠 있습니다. 그걸 보던 어르신이 생각이 난 듯 말을 잇습니다.

"메기, 문어, 여가 주산지야. 좀 있으면 메기 많이 난다. 문어도 많이 나고."

이 앞바다는 여수항과 광양만으로 향히는 대형 선박들이 많이 다니는 곳입니다. 해상 교통안전을 위해 특정해역으로 설정되어 있습니다. 그러니까 어선들이 선박 항로 쪽으로는 가지 못합니다.

"하루에 400척이 안 다닌다 카나."

"400척이예?"

남상마을 가는 길에 만난 어르신

"5년 전에는 280척이라 캤는데. 지금은 한 400척. 컨테이너선이 많이 다닌다. 그쪽으로 소형 선박들 다니면 참 위험타. 속력이 빠른 께 파도가 이마이 높다. 지금 저저 배가 빨간 등대 손보고 있제. 저 등대가 제일 중요한 기다. 저 빨간 등대 보이제 들어가는 배는 저 등대 오른쪽, 나오는 배는 왼쪽으로 그래 안 다니나."

어르신이 다시 가던 길을 가나 싶더니 문득 상체를 돌려 이렇게 말씀하신다.

"우에서 뭐 국회의원들이나 대통령이나 죽든지 살든지 우리는 마촌에서 살기 좋다 아이가! 농사 지가 살믄 쌀이 없나 돈이 없나. 북에서 쳐 내려오면 불쌍한 우리 농민들이 먼저 죽긋나, 국회의원 그놈들이 먼저 죽긋지. 그렇제?"

"아, 예~. 하하하."

"가게!"

"예, 말씀 고맙습니다!"

작장마을 펜션 주인 아주머니

남해바래길 14코스 망운산노을길, 작장마을 몽돌바위 해변을 걷다 보니 지칩니다. 자갈길을 오래 걷는 일은 쉽지 않습니다. 그러다 길이 갑자기 절벽 위로 향합니다. 절벽 근처에 몇몇 펜션이 모여있었습니다.

"뭐 하시는 거예요?"

어느 펜션에 놓은 일상적인 물건들이 보기 좋아 사진을 찍고 있는데 주인아주머니가 의심스런 눈으로 쳐다보셨습니다.

"아, 예, 이것들 예뻐서 사진 찍어봅니더."

이 말에 그럼 그렇지 우리 펜션이 예쁘긴 하지, 하는 표정이시더니, 들어와서 물 한잔하고 가라고 하십니다. 황송해서 괜찮다고 했습니다.

"아참! 옛날에도 지나가는 나그네 물도 주고 했었잖아예."

"하하, 예. 그라믄 믹스 커피 있습니꺼? 그거로 주이소."

커피를 한 잔 주고는 반찬을 만드시는지 채소를 숭숭 썰기 시작하십니다.

"혹시 남해에 대해서 뭐 알고 싶다 그라믄 제가 상세히 알려줍니더."

"예? 아, 남해가 고향이세요?"

"제가 남해서 태어나서 남해서만 살아와 갖고예. 솔직히 도시에 가서 살고 싶어예. 이거 펜션하고 나서는 오데 가서 하루 자고 오는 것도 힘들고."

잠시 말이 없으시더니 문득 이렇게 물으십니다.

작장마을 펜션 주인 아주머니가 주신 믹스 커피

"남해 좋지예?"

"좋지요. 겨울에도 파릇파릇하고. 오다 보니 사람들이 톳 같은 거 뜯고 있던데요?"

"서면 바다에만 톳이 나와요. 또 미역이 많고 고동도 많아요. 다른 데는 없습니다. 희한해요."

이어지는 이야기에 지금은 사라진 여수행 배에 대해 물었습니다.

"옛날에 차 귀할 때는 여객선이 하루에 두세 번 있었거든요. 그 배를 타고 여수 가기 좋았는데…. 지금은 사람이 없으니 아예 안 갑니다. 없어졌어요. 배가."

말끝에 쓸쓸함이 묻어나셨습니다. 배가 없어진 것에 대한 것일까요, 세상이 변해 버린 것에 대한 것일까요.

외로운 객 푸근하게 보듬어준 바래길

다시 올게 꼭

홍현마을을 빠져 나오면서 바라본 바다

남해바래길

13 설천면
고현면
8
7
창선면
남해읍
6
14
서면
이동면
삼동면
5
1코스 다랭이지겟길
2코스 앵강다숲길
3코스 구운몽길
4코스 섬노래길
5코스 화전별곡길
6코스 말발굽길
7코스 고사리밭길
8코스 진지리길
14코스 망운산노을길
남면
2
상주면
미조면
1
3
4

　처음부터 한 석 달까지는 갈 때마다 미칠 듯이 좋았다. 이후로는
가끔 미칠 듯이 좋았다. 마지막에는 그저 집처럼 편안했다.

　2016년 1월 시작한 남해바래길 연재가 그해 말까지, 1년이 걸렸
다. 걷다가, 걷다가, 어느덧 남해군을 한 바퀴 돌았다. 계산상으로 10
개 코스, 132km, 45시간이다. 같은 코스를 두 번 걷기도 하고, 마
을 고샅까지 훑고 다녔으니 실제로는 이보다 훨씬 길고 오랜 시간이
걸렸다. 여기에 외전 형식으로 바래길이 나 있지 않은 곳의 길도 이
어서 다녔다. 대부분 평일에 걸었으므로 바래길 위에 혼자인 경우가
잦았다. 하여 괜히 힘들고 지친 날들도 많았다. 그럼에도, 남해바래
길을 걸어보라고 권하고 싶다. 아직은 때 묻지 않은 정겨운 길과 그
너머 푸른 바다를 좋아하는 이라면 말이다.

　마지막으로 바래길에서 품었던 시원섭섭한 마음을 풀어본다.

보물섬 800리길

보물섬 800리길이라는 게 있다. 이는 현 박영일 남해군수의 핵심공약이다. 바래길이 걷는 길이라면 800리길은 자동차로 남해섬을 한 바퀴 도는 길이라고 보면 된다. 남해군 해안선 총길이가 302km로 약 800리다. 바닷가를 따라 나있는 77번 국도. 1024번 지방도, 7번 군도, 3번 군도와 마을 해안도로를 이으면 된다는 생각이다. 그리고 서면, 남면, 미조면, 창선면 10개 읍면에 '800리 역'을 만들 계획이라고 한다. 역에는 군민가게^{직거래장}, 특산물판매소, 우리읍면문화역사관, 체험장, 간이슈퍼, 전망타워, 교각, 관광객편의시설 등이 들어선다. 4년간 200억 원 정도 되는 돈이 드는 관광인프라구축 사업이다. 주민들에게 소득이 되도록 한다는 게 중요한 목표다.

그럼 바래길은 무엇이 되느냐고 할 수 있는데, 남해군에서는 넓은 의미에서 바래길도 보물섬 800리길에 포함되는 개념이라 설명한다. 바래길을 걸어보면 대중교통이나 편의시설이 불편한 게 사실이다. 그렇더라도 바래길 본연의 모습은 그대로 유지되길 바란다.

고맙습니다

바래길에서 만난 이들은 외로운 나그네를 친절하게 대해 주었다. 점심때 길을 걷다가 만나 자기 집으로 가서 밥을 먹자는 어머니, 무심히 길을 걷는데 새참 먹고 가라며 손짓하던 논두렁 어르신들, 낯선 이에게 대뜸 집안 구경을 시켜주시던 미국마을 아주머니, 더운

바래길 바닥 곳곳에 있는 표시

날 시원한 음료수를 건네고는 손수 지도를 그려주시던 할아버지, 추운데 마시고 가라며 믹스 커피를 건네던 펜션 주인들, 등등. 이들 덕에 바래길은 마냥 따뜻한 곳이었다.

항상 남해에 언제 오느냐, 오면 연락하라며 안부를 묻던 문찬일 선생님에게도 감사 인사를 전하고 싶다. 연락을 잘 드리지 않아 항상 미안한 마음이다. 마찬가지로 남해에 오면 꼭 연락하라던 남해군청 이경재 주무관께도 죄송한 마음이 앞선다. 필요한 거 있으면 연락을 하라고 했지만, 딱히 필요한 게 없기도 하고, 괜히 신경쓰이게 할까 봐 연락을 잘하지 못했다. 그래도 늘 잘 다녀갔는지 신경을 써주는 분이다.

무엇보다 '남해바래길 사람들' 하진홍 대표와 백상연 사무차장께

머리 숙여 사과드린다. 바래길을 취재하면서도 이분들을 찾아뵙지 않았다. 남해바래길탐방안내센터에도 한두 번인가 스쳐 지나가듯 들렀을 뿐이다. 하지만, 이분들을 포함한 바래길 사람들이 언제나 바래길을 운영·관리하는 데 애쓰고 있다는 사실은 잘 알고 있다. 이 부분 감사를 드리고 싶다.

그리고 남은 일들

가능하면 바래길 주변으로 많은 마을을 소개하려 애썼지만, 남해군에 있는 전체 마을을 다 할 수는 없었다. 하지만, 이곳만큼은 꼭 소개하고 싶었는데, 못한 곳이 있다. 남해읍이다. 대중교통으로 왔다면, 남해읍은 남해 여행의 시작과 끝이라 할 수 있다. 도심이 작긴 하지만 브랜드 카페나 프랜차이즈 빵집까지 있을 건 다 있다. 남해시장에서는 특산물을 살 수도 있고, 싱싱한 회나, 고소한 생선구이, 시원한 물메기탕을 먹을 수도 있다. 아담하고 고즈넉한 남해성당은 뜻밖에 가볼 만한 곳이며 그 근처 남해향교도 둘러보면 좋다. 특히 남해군청이 참 예쁘다. 군청은 옛 동헌 자리에 그대로 들어서 있다. 조선시대 고지도에 나오는 큰 나무가 아직도 군청 뜰에 살아있는데, 군청 건물과 어우러져 그 운치가 꽤 좋다.

바래길을 다 걸었으니 남해 사투리로 '안녕히 가시다^{가세요}'라고 인사하는 게 맞겠지만, 작별 인사는 하기 싫다. 언제든 마음이 내키면 찾아갈 곳이기 때문이다. 하여 마지막 인사는 이것으로 한다. 다시, 남해바래길에 어서 오시다.

구분	구간	km	소요 시간
1코스 (다랭이지겟길)	평산~사촌해수욕장	7km	2시간
2코스 (앵강다숲길)	가천다랭이마을~ 홍현해라우지마을	3.5km	1시간
4코스 (섬노래길)	송정솔바람해변~ 설리해수욕장	4km	1시간 10분
5코스 (화전별곡길)	천하~편백자연휴양림	6km	1시간 30분
7코스 (고사리밭길)	적량~천포	4km	1시간 10분
13코스 (이순신호국길)	월곡항~ 이충무공전몰유허	5km	1시간 20분

남해바래길은 대부분 4~5시간 이상 걸리는 고된 길이다.

여행 기간이 짧거나 바래길 핵심만 맛보고 싶은 이를 위해 여기 1~2시간짜리 단기 코스를 추천한다.

어느 계절이나 좋지만 그중에서도 5월~7월 사이가 바래길을 걷기 좋은 시기이니 참고하자.